高职高专物流管理专业校

物流企业
成本核算与案例分析

王凤娟◎著

清华大学出版社
北京

内 容 简 介

《物流企业成本核算与案例分析》以真账实操为核心,结合物流会计的特点,选择运输企业典型的经济业务,系统介绍本行业常见经济业务的会计处理,包括往来款项的核算、运输收入及仓储收入的核算、货物运输成本及仓储堆存成本的核算、期间费用的核算、固定资产折旧的核算、税费的核算、工资及社保的处理及期末的账务处理。

通过本书的学习,初学者能快速了解运输行业会计常用会计科目的设置及账务处理。

图书在版编目(CIP)数据

物流企业成本核算与案例分析 / 王凤娟著. —北京:清华大学出版社,2020.10
高职高专物流管理专业校企合作项目化规划教材
ISBN 978-7-302-56620-5

Ⅰ. ①物… Ⅱ. ①王… Ⅲ. ①物流企业－成本计算－高等职业教育－教材 Ⅳ. ① F253.7

中国版本图书馆 CIP 数据核字(2020)第 194256 号

责任编辑:徐永杰
封面设计:常雪影
责任校对:王荣静
责任印制:沈 露

出版发行:清华大学出版社
　　　　　网　　址:http://www.tup.com.cn, http://www.wqbook.com
　　　　　地　　址:北京清华大学学研大厦A座　邮　　编:100084
　　　　　社 总 机:010-62770175　　　　　　　邮　　购:010-62786544
　　　　　投稿与读者服务:010-62776969, c-service@tup.tsinghua.edu.cn
　　　　　质量反馈:010-62772015, zhiliang@tup.tsinghua.edu.cn
印 装 者:三河市龙大印装有限公司
经　　销:全国新华书店
开　　本:260mm×185mm　印　张:14　字　数:130千字
版　　次:2020 年 11 月第 1 版　　印　次:2020 年 11 月第 1 次印刷
定　　价:42.00 元

产品编号:090657-01

前　言

　　随着社会经济的快速发展，我国的物流行业也随之得以快速发展，在人们的日常生活中发挥着越来越重要的作用，并推动着我国经济的快速发展。物流企业中的会计核算工作，是物流企业正常发展及实现企业利润最大化的基础性内容，也是提高物流企业核心竞争力的关键因素。物流企业进行会计核算的最终目的是提高经营管理效率、降低运营成本，在保证物流服务质量和水平的前提下，实现物流成本的有效控制。

　　物流行业的发展也促进了物流企业对物流专业人才的强烈需求，我国物流行业的不断发展必将对物流从业人员提出更高的要求，物流从业人员的技能和专业素质必须要跟上物流行业发展的步伐。我国越来越多的高校陆续开设物流专业，以培养高技能和业务素质过硬的人才来满足物流行业对人才的需求。《物流企业成本核算与案例分析》以凯旋物流运输有限公司为例，基于会计核算的视角，从学习者的需求出发，选择物流运输企业的特色经济业务，涉及的原始凭证全部采用超仿真制作，让读者身临其境体验物流运输企业成本会计核算所涉及的业务活动，进而提高自身的实际操作能力。

　　本书编写过程中得到了大易教育张连栋总经理、张雪老师、游霞老师的大力支持与帮助，在此一并表示衷心的感谢！鉴于编者水平有限，书中难免存在一些不足之处，恳请读者批评指正。

编者

目　录

项目 1　物流企业会计核算概述

一、物流企业会计核算的特点

　　物流企业成本核算就是要通过凭证、账户、报表的完整体系，对物流耗费予以连续、系统、全面的记录和计算。唯有对物流成本进行严谨的核算，掌握并处理物流成本实时、完整的信息，才能灵活运用物流成本信息记录数据，再加上科学的管理手段和措施，才能使物流企业的管理效率得到显著的提升，有效地降低物流成本。

　　结合物流企业经营及成本管理方式，其会计核算的特点体现在以下几个方面。

　　（1）核算指标简便、易行。目前，我国的物流企业处于初期发展阶段，许多物流企业的硬件、软件等条件较为薄弱，物流服务功能单一，急需高水平、高素质的物流管理从业人员。因此，物流企业会计核算一方面用于经营及成本管理，另一方面在于促进物流企业的绩效评价，以会计核算为导向，督促物流企业经营管理变革，提高物流企业服务的质量和效率。通过会计核算，明晰物流企业的经营成本状况及有待加强和改进的方面。因此，会计核算指标必须简便、清晰，符合现阶段物流企业的经营现状。

　　（2）能够突出物流成本。物流企业的会计核算需要与企业经营、物流成本相匹配，能够较好地反映和突出物流成本。物流企业会计核算在结合一般会计中的营业收入、利润及资产收益等财务指标的情况下，实现差异化的会计核算，把具体的物流成本作为核算内容融入物流会计核算的方式、方法中。因此，物流企业会计核算要在普通会计核算的基础之上进行细化，能够衡量出物流成本情况，使得物流企业经营管理者能够从会计核算中获得相关的成本信息，有助于对物流企业的经营管理作出调整和优化，实现对成本的有效控制。

　　（3）有助于提高市场竞争力。物流企业是通过向市场及客户提供物流服务而获得收益的，市场及客户对物流服务质量和水平的认可是其发展的前提和保证。客户对物流服务价格的关注程度较高，往往成为选择物流服务提供商的重要因素。物流服务价格主要受到物流成本的影响，因此，会计核算要通过反映物流成本与物流价格之间的关系，着力于物流成本控制需要重视的方面和关键因素，促进物流成本的控制和物流服务价格的优化，提高客户的满意度，从而提高物流企业的市场竞争力。

物流企业会计核算通过现代会计核算方法，结合物流信息技术，加强物流企业的系统化管理，实现对物流成本的控制。项目3以凯旋物流运输有限公司为例，采用超仿真制作的原始凭证，让大家熟悉物流运输企业的特色经济业务，从会计核算的角度认识凯旋物流运输有限公司各项成本业务的核算。

二、物流企业的成本构成

在经济全球化快速发展的背景下，物流行业作为朝阳行业，在经济发展过程中占据着重要位置。物流企业通常是指从事储存、包装、运输、配送等基本物流活动并能够实行独立核算、独立承担民事责任的经济组织。物流企业的服务项目主要包括运送、储存、装卸、搬运、配货、加工、信息服务等，此外还有代理报关、财务结算等其他服务，物流企业的产品是无形的服务。

物流企业成本是指物流企业在提供物流产品过程中耗费的各种资源的货币体现。目前，物流企业成本主要由经营性成本与非经营性成本构成。其中，经营性成本包括企业购买的材料费用、聘用的员工花费以及间接的经营费用，侧重于物流企业的运输成本；非经营性成本包括企业的管理费用以及销售费用等。

项目 2　物流运输企业概况

一、企业概况

企业名称：凯旋物流运输有限公司

企业简称：凯旋物流

经济类型：有限公司

企业地址：北京市大兴区孙村工业园区 36 号

法人代表：姜涛

注册资金：500 万元整

经营范围：普通货物运输

一般经营项目：货运代理、仓储保管、配送服务等

注册时间：2019 年 10 月 25 日

税务机关：国家税务总局北京市大兴区国家税务局

社会信用代码（纳税人识别号）：91110111053551161Q

开户银行：中国建设银行经海路支行

银行账号：11001152300052558125

股东信息：姜涛 65%、丁勇 35%

二、企业部门设置和人员配置明细表

企业部门设置和人员配置明细表，见表 2-1。

表 2-1　企业部门设置和人员配置明细表

部　　门	职　　务	姓　　名
行政部	总经理	姜　涛
	副总经理	丁　勇
业务部	业务主管	赵　民
	业务员	高　斌
财务部	财务主管	董文利
	出　纳	洪丽敏
	会　计	马　贺
运输一车队	运输主管	方海波
	司　机	高　青
运输二车队	运输主管	陈　西
	司　机	张玉帛
仓储部	仓　管	刘　静
	仓　管	刘建楠

三、企业各部门职责

1. 行政部

办公用品的采购与保管；企业其他日常行政管理工作；等等。

2. 财务部

（1）会计主管。负责财务部的全面工作，包括会计凭证审核、日常会计核算、财务报告编制、定期与客户进行往来对账、产品成本计算与分析等。

（2）出纳。办理现金、银行存款收支业务，登记现金和银行存款日记账，每天填报现金、银行存款日报表，审核报销的原始凭证，按本企业的审批权限支付款项，将银行存款日记账与银行对账单进行核对，编制银行存款余额调节表等。

3. 业务部

拓展、开发新客户，维护老客户等。

4. 运输车队

负责日常客户的运输任务，定期进行车队车辆的安全检查，以及车辆的相关事项处理。

5. 仓储部

负责仓库的往来货物登记，定期清查、盘点仓库中的货物等。

四、税务信息

税务信息，见表 2-2。

表 2-2　税务信息

税　种	税　率
增值税	9%（仓储服务 6%）
企业所得税（按季度计提）	25%
城市维护建设税	7%
教育费附加	3%
地方教育附加	2%
个人所得税	代扣代缴

五、会计制度和会计核算的有关规定及说明

1. 会计准则

公司执行《企业会计准则》。

2. 存货发出计价方法

存放地点分仓核算，采用月末一次加权平均法，年末依据商品类别，按可变现净值与账面价值孰低原则调整账面价值。

3. 固定资产折旧

采用年限平均法，净残值率均为 5%。当月增加固定资产当月不提折旧，当月减少当月照提折旧，采用税法规定的最低折旧年限。

4. 低值易耗品

（1）定义：超过一年，单个资产价值大于（含）200 元且小于（含）2,000 元。

（2）按用途可分为：家具、办公用品、工器具、劳保用品、仪器仪表、金属餐具、摆设挂饰、玻璃瓷器器皿等。

（3）采购流程：由购置部门申请，管理部门拟订采购计划，经财务部审核，报总经理批准后进行采购。

（4）核算：低值易耗品采用实际成本法核算，领用时采用先进先出法计价，摊销时采用五五摊销法，分别于领用和报废时摊销。

5.包装物

包装物采用实际成本法核算，领用时采用先进先出法计价，摊销时采用五五摊销法，分别于领用和报废时摊销。

6.无形资产

采用直线法摊销，自无形资产使用之日起，在有效期限内分期摊入管理费用。

7.开办费

企业在筹建期间发生的费用，包括筹建期间人员工资、办公费、培训费、差旅费、注册登记费等。2019 年 11 月为本企业的筹建期。

六、企业与个人缴纳社会保险比例

企业与个人缴纳社会保险比例，见表 2-3。

表 2-3　企业与个人缴纳社会保险比例

项　目	养　老	医　疗	失　业	工　伤	生　育
个人比例	8%	2%+3	0.2%	–	–
企业比例	16%	10%	0.8%	0.4%	0.8%

七、期初余额表

期初余额表，见表 2-4。

表 2-4　期初余额表

	单位	本期借方		本期贷方		期末余额			
		数量	金额	数量	金额	数量	借方	数量	贷方
库存现金			30,000.00		2,000.00		28,000.00		
银行存款			5,000,000.00		940,243.00		4,059,757.00		
建行			5,000,000.00		940,243.00		4,059,757.00		
预付账款			96,000.00		26,000.00		70,000.00		
房租			60,000.00		20,000.00		40,000.00		
华宇装饰公司			6,000.00		6,000.00				
中国石油北京分公司			30,000.00				30,000.00		
其他应收款			20,000.00				20,000.00		
租房押金			20,000.00				20,000.00		
周转材料			44,115.05		32,123.91		11,991.14		
低值易耗品			42,831.86		32,123.91		10,707.95		
托盘搬运车	台	3	6,194.70	3	4,646.03	3	1,548.67		
在库	台	3	3,097.35	3	3,097.35				
在用	台	3	3,097.35			3	3,097.35		
摊销	台			3	1,548.68			3	1,548.68
塑胶地板	块	80	7,433.62	80	5,575.22	80	1,858.40		
在库	块	80	3,716.81	80	3,716.81				
在用	块	80	3,716.81			80	3,716.81		
摊销	块			80	1,858.41			80	1,858.41

凯旋物流运输有限公司－期初余额表

续表

凯旋物流运输有限公司－期初余额表									
	单位	本期借方		本期贷方		期末余额			
		数量	金额	数量	金额	数量	借方	数量	贷方
塑胶货物筐	个	50	6,194.70	50	4,646.03	50	1,548.67		
在库	个	50	3,097.35	50	3,097.35				
在用	个	50	3,097.35			50	3,097.35		
摊销	个			50	1,548.68			50	1,548.68
中型角钢货架	个	30	23,008.84	30	17,256.63	30	5,752.21		
在库	个	30	11,504.42	30	11,504.42				
在用	个	30	11,504.42			30	11,504.42		
摊销	个			30	5,752.21			30	5,752.21
包装物	个	100	1,061.95			100	1,061.95		
木箱	个	100	1,061.95			100	1,061.95		
在库	个	100	1,061.95			100	1,061.95		
泡沫盒	个	100	221.24			100	221.24		
在库	个	100	221.24			100	221.24		
固定资产			671,389.37				671,389.37		
办公设备	台	6	23,358.40			6	23,358.40		
营业设备	台	2	15,530.97			2	15,530.97		
运输设备	辆	5	632,500.00			5	632,500.00		
长期待摊费用			20,000.00		833.33		19,166.67		
装修费			20,000.00		833.33		19,166.67		

续表

凯旋物流运输有限公司 – 期初余额表									
	单位	本期借方		本期贷方		期末余额			
		数量	金额	数量	金额	数量	借方	数量	贷方
应付账款					22,150.00				22,150.00
北京恩匹西有限公司					22,150.00				22,150.00
应付职工薪酬					59,537.87				59,537.87
应付职工工资					43,600.00				43,600.00
应付社会保险费					15,937.87				15,937.87
应交税费			86,443.91		898.07		85,545.84		
应交增值税			86,401.15				86,401.15		
进项税额			85,963.91				85,963.91		
减免税款			480.00				480.00		
应交印花税					898.07				898.07
其他应付款					2,000.00				2,000.00
质量保证金					2,000.00				2,000.00
华宇装饰公司					2,000.00				2,000.00
实收资本					5,000,000.00				5,000,000.00
丁勇					1,750,000.00				1,750,000.00
姜涛					3,250,000.00				3,250,000.00
本年利润			117,837.85				117,837.85		
税金及附加			3,778.07		3,778.07				

续表

凯旋物流运输有限公司－期初余额表									
	单位	本期借方		本期贷方		期末余额			
		数量	金额	数量	金额	数量	借方	数量	贷方
车船税			2,880.00		2,880.00				
印花税			898.07		898.07				
管理费用			114,059.78		114,059.78				
开办费			95,805.07		95,805.07				
保险费			18,254.71		18,254.71				
合计			6,203,624.03		6,203,624.03		5,083,687.87		5,083,687.87

项目 3 物流企业业务及案例分析

业务 1：2019 年 12 月 5 日，公司与北京踏步运动服饰贸易有限公司签订运输合同，为其运输一批服装至济南。合同约定含税运输费用共计 25,000 元，由运输一车队负责，当天完成运输任务，且款项已经收到，如图 3-1~ 图 3-3 所示。

业务 2：2019 年 12 月 6 日，业务部主管赵民报销去上海洽谈业务的差旅费 2,450 元，如图 3-4~ 图 3-8 所示。

业务 3：2019 年 12 月 6 日，运输一车队结束济南运输返回公司，司机高青回来报销各项费用，其中货车往返加油费 8,500 元，已在卡中扣减，高速公路通行费 2,150 元，用现金支付，如图 3-9~ 图 3-13 所示。

业务 4：2019 年 12 月 6 日，财务部收到开户银行转来的扣费通知，如图 3-14 所示，并将其与企业自制的员工社保表（见图 3-15）核对。

业务 5：2019 年 12 月 6 日，支付 2019 年 11 月印花税，如图 3-16、图 3-17 所示。

业务 6：2019 年 12 月 8 日，公司与北京星达劳务用品公司签订运输合同（合同规定含税金额 140,000 元，由运输二车队运送，12 月 15 日前将货物运送到指定地点），如图 3-18 所示。

业务 7：2019 年 12 月 9 日，公司利用露天货场为北京唐丰钢铁有限公司提供仓储中转服务，含税费用 18,000 元，银行收到北京唐丰钢铁有限公司转账支付款项，如图 3-19、图 3-20 所示。

业务 8：2019 年 12 月 12 日，公司为北京多维乐器器材公司承运一批乐器至山东济宁，合同约定含税总费用共计 25,000 元，由运输一车队负责运输，货物到达后支付款项，为保障运输中的器材安全，使用本公司的木箱 100 个、泡沫盒 100 个，如图 3-21~ 图 3-23 所示。

业务 9：2019 年 12 月 12 日，运输一车队司机高青向财务部申请备用金 8,000 元，用于济宁线路的随车经费，财务部拨付现金，如图 3-24、图 3-25 所示。

业务 10：2019 年 12 月 13 日，运输一车队济宁线路完成运输，通过银行转账收取北京多维乐器器材公司的运输费用，并开出专票，如图 3-26、图 3-27 所示。

业务 11：2019 年 12 月 15 日，运输一车队回来报销济宁线路随行费，其中公司货车往返加油费 8,500 元，已在卡中扣减。司机住宿费 600 元、餐饮费 600 元、汽车修理费 3,000 元、高速公路通行费 3,240 元，冲销之前的备用金，交回 560 元，如图 3-28~图 3-35 所示。

业务 12：2019 年 12 月 15 日，收到 12 月 8 日北京星达劳务用品公司的运输费，如图 3-36、图 3-37 所示。

业务 13：2019 年 12 月 15 日，支付员工 11 月份工资，如图 3-38、图 3-39 所示。

业务 14：2019 年 12 月 16 日，运输一车队，因粗心大意违规停车 3 次，罚款 600 元，按照公司规定，违章罚款由公司和个人各承担一半，个人部分已将罚款交至财务部，罚款金额已通过银行扣款支付，如图 3-40~图 3-43 所示。

业务 15：2019 年 12 月 20 日，公司运输一车队司机在运输过程中货车出现故障，发生维修费 3,120 元，出纳现金支付该款项，如图 3-44、图 3-45 所示。

业务 16：2019 年 12 月 21 日，收到中国建设银行利息清单，本月存款利息收入共计 1,629.86 元，如图 3-46 所示。

业务 17：2019 年 12 月 22 日，以转账方式支付电话费 1,200 元，如图 3-47、图 3-48 所示。

业务 18：2019 年 12 月 25 日，公司二车队司机报销在运输过程中的停车费，共计 230 元。出纳用现金支付给司机，如图 3-49~图 3-51 所示。

业务 19：2019 年 12 月 28 日，以转账方式支付本月电费 1,200 元、水费 800 元，交给北京国瑞兴达商业管理有限公司，收到增值税专用发票，如图 3-52~图 3-54 所示。

业务 20：2019 年 12 月 31 日，摊销本月房租（管理部门分摊 6%、运输队分摊 54%、仓储部门分摊 40%），如图 3-55、图 3-56 所示。

业务 21：2019 年 12 月 31 日，摊销本月办公室装修费，如图 3–57 所示。

业务 22：2019 年 12 月 31 日，计提 12 月份员工工资，如图 3–58 所示。

业务 23：2019 年 12 月 31 日，计提 12 月份员工社保，如图 3–59 所示。

业务 24：2019 年 12 月 31 日，计提 12 月份固定资产折旧费，如图 3–60 所示。

业务 25：2019 年 12 月 31 日，计提 12 月份印花税，如图 3–61 所示。

业务 26：2019 年 12 月 31 日，结转本月损益。

业务 27：2019 年 12 月 31 日，将"本年利润"转至"利润分配——未分配利润"。

中国建设银行单位客户专用回单

币别：人民币　　　　　　　　2019年12月5日　　　　　　　　流水号：********

付款人	全称	北京踏步运动服饰贸易有限公司	收款人	全称	凯旋物流运输有限公司
	账号	11001152300052558188		账号	11001152300052558125
	开户行	中国建设银行大兴支行		开户行	中国建设银行经海路支行
金额		（大写）人民币贰万伍仟元整			（小写）¥25000.00
凭证种类			凭证号码		
结算方式		转账	用途		运输款
			打印柜员：********** 打印机构：建行经海路支行 打印卡号：**********		

打印时间：2019.12.5　　　　　交易柜员：　　　　　交易机构：

第二联：客户回单

图　3-1

| 1100143*** | 北京增值税专用发票 | № 02430*** | 1100143*** |
| | | | 02430*** |

校验码 11212 74233 21555 46232　　　　　　　　　开票日期： 2019年12月5日

| 购买方 | 名　　称：北京踏步运动服饰贸易有限公司
纳税人识别号：9111011053551170A
地　址、电话：北京市海淀区复兴路 18号 010-63968740
开户行及账号：中国建设银行北京长安支行 11001152300052558188 | 密码区 | 43353<96--*<203*788-806+ -9403/96
67657a-<14869+1*90/+<62-<3/>2*6*+
878-/67<8/89+8/3<**+903<77+79180>>
65373>/<8*34*2990//48-<7<-*5481+56 |

货物或应税劳务、服务名称	规格型号	单位	数 量	单 价	金 额	税率	税 额
*运输服务*运输服务费					22935.78	9%	2064.22
合　　计					￥22935.78		￥2064.22

| 价税合计（大写） | ⊗ 贰万伍仟圆整 | （小写）￥25000.00 |

| 销售方 | 名　　称：凯旋物流运输有限公司
纳税人识别号：91110111053551161Q
地　址、电话：北京市大兴区孙村工业园区36号 010-85342345
开户行及账号：中国建设银行经海路支行 11001152300052558125 | 备注 | 起运地：北京
到达地：济南
车种车号：货车 京AE5534 京AE1531
货物信息：服饰 |

| 收款人：马贺 | 复核：董文利 | 开票人：马贺 | 销售方：（章） |

税总函〔2019〕675号 北京东港印刷有限公司

第一联：记账联　销货方记账凭证

图　3-2

货物托运合同单

NO：KS-YS-001

起站：北京   到站：济南   运输方式：   2019 年 12 月 5日

托运人	北京踏步	电话	010-63968740	单位地址	北京市海淀区复兴路 18号	
收货人	济南青城贸易	电话	0531-87038141	单位地址	山东省济南市天桥区粟山路10号	① 存根（白）

货物名称	包装	件数	重量/体积	运费	保险金额	保险费	送货费	其他费用	合计
服饰		2100		25000.00					25000.00

付款方式	现付	提付	欠付	回单付	月结	提货方式	送货	自提
	✔						✔	

托运人签字：李青   提货人签字、证号：方建波 11721019870301****

备注：

协议事项

为了保护托运人与承诺人合法利益，根据《中华人民共和国合同法》及相关法律、法规的规定，现达成如下协议：
1.托运货物时，托运人必须声明货物的实际价值，并参加保险，如有货物损失，应视货物的损失程度，确定赔偿金额，但最高赔偿金额以不超过保险为限，未保险货物损失最高赔偿不超过运费3倍。 2."送货"仅指送货到楼下，不负责搬运，如需搬运货补交搬运费。 3.按规定需要凭证运输的货物，托运人应出示货物的发票等有关证件，否则，沿途检查站扣货，罚款所造成的损失由托运人承担。 4.交接货物时，因不可能开箱清点全部货物的内包装情况，故以外包装完好为准，收货人在验收货物时如没有提出异议，即运输合同履行完毕。 5.托运人应如实申报货物名称，不得提供假的货物名称或夹带易燃、易爆、危险品、禁运物品等，否则，所引起的一切后果，由托运人承担。 6.货物到达指定地点后，承运人必须通知收货人三日内提货，三个月不提货者，将按无货主处理。 7.承运人向托运人或收货方收取运输费用，如未按时交纳运费，承运人对其货物有扣留权。 8.有下列原因，造成损失的，承运方不承担违约责任：(1)货物的合理损耗。(2)包装不符合规定。(3)外包装完整，内装货物短缺、破料、变质。(4)因货主无电话、无地址，无法通知收货主提货，收货人未及时提货。(5)其他经查证非承运方责任造成的损失。(6)托运人如有查询/索赔或其他事宜，应在本托运单开出日起三十日内提出，过期不予受理。

承运单位(盖章)：   货物查询电话：010-85342344   投诉电话：010-85342344

② 托运人（红）

③ 随货同行（黄）

图 3-3

费用报销单

报销部门：业务部   2019年 12月 6日   单据及附件共 8 页

用　　　途	金额（元）		
火车票	1106.00	部门领导签字	
打车费	187.00		
餐饮费	800.00	公司领导签字	姜涛
住宿费	357.00		
合　　　计	¥2450.00		

金额大写（人民币）：贰仟肆佰伍拾元整	原借款金额：　　　　元	应退余额：　　　　元

会计主管：董文利　　　　　会计：马贺　　报销人：赵民　　　　领款人：赵民

图　3-4

图　　3-5

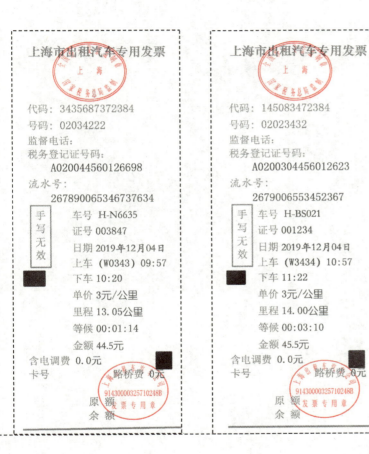

上海市出租汽车专用发票

代码：3435687372384

号码：02034222

监督电话：

税务登记证号码：

A020044560126698

流水号：

267890065346737634

手写无效

车号 H-N6635

证号 003847

日期 2019年12月04日

上车（W0343）09:57

下车 10:20

单价 3元/公里

里程 13.05公里

等候 00:01:14

金额 44.5元

含电调费 0.0元

卡号

路桥费 0元

原额

余额

上海市出租汽车专用发票

上海

代码：145083472384

号码：02023432

监督电话：

税务登记证号码：

A0200304456012623

流水号：

2679006553452367

手写无效

车号 H-BS021

证号 001234

日期 2019年12月04日

上车（W3434）10:57

下车 11:22

单价 3元/公里

里程 14.00公里

等候 00:03:10

金额 45.5元

含电调费 0.0元

卡号

路桥费 0元

原额

余额

上海市出租汽车专用发票

上海

代码：324587372384

号码：02091121

监督电话：

税务登记证号码：

A020330445632532

流水号：

267905665327345

手写无效

车号 H-Q022L

证号 002345

日期 2019年12月05日

上车（W0423）15:08

下车 16:30

单价 3元/公里

里程 14.03公里

等候 00:03.22

金额 50.5元

含电调费 0.0元

卡号

路桥费 0元

原额

余额

上海市出租汽车专用发票

上海

代码：654387372384

号码：02087141

监督电话：

税务登记证号码：

A0203044560126698362

流水号：

26790065323111464

手写无效

车号 H-0321Q

证号 003425

日期 2019年12月05日

上车（W0234）16:57

下车 17:13

单价 3元/公里

里程 15.01公里

等候 00:02.11

金额 46.5元

含电调费 0.0元

卡号

路桥费 0元

原额

余额

图 3-6

1100904***

上海增值税普通发票

№ 83422*

1100904***
83422***

校验码 11564 84624 93721 03132

发票联

开票日期：2019年12月05日

<table>
<tr><td rowspan="4">购买方</td><td>名　　　　称：</td><td colspan="4">凯旋物流运输有限公司</td><td rowspan="4">密码区</td><td colspan="3">782+972-897=23/872*100-981>9312</td></tr>
<tr><td>纳税人识别号：</td><td colspan="4">911101110535511161Q</td><td colspan="3">02/623<13>728/901+0823-72=93-82</td></tr>
<tr><td>地 址、电 话：</td><td colspan="4">北京市大兴区孙庄工业园区36号 010-85342345</td><td colspan="3">0982+2839-7913/25>3<252690-7567</td></tr>
<tr><td>开户行及账号：</td><td colspan="4">中国建设银行经海路支行 11001152300052558125</td><td colspan="3">8273+823-72/25><>520942+841-454</td></tr>
<tr><td colspan="2">货物或应税劳务、服务名称</td><td>规格型号</td><td>单位</td><td>数量</td><td>单价</td><td>金　额</td><td>税率</td><td>税　　额</td></tr>
<tr><td colspan="2">*餐饮服务*餐费</td><td></td><td></td><td>1</td><td>776.70</td><td>776.70</td><td>3%</td><td>23.30</td></tr>
<tr><td colspan="2">合　　　　计</td><td></td><td></td><td></td><td></td><td>¥776.70</td><td></td><td>¥23.30</td></tr>
<tr><td colspan="2">价税合计（大写）</td><td colspan="5">⊗捌佰圆整</td><td colspan="2">（小写）¥800.00</td></tr>
<tr><td rowspan="4">销售方</td><td>名　　　　称：</td><td colspan="4">上海汉巢国际酒店</td><td rowspan="4">备注</td><td colspan="3"></td></tr>
<tr><td>纳税人识别号：</td><td colspan="4">91430000325710248B</td><td colspan="3">91430000325710248B</td></tr>
<tr><td>地 址、电 话：</td><td colspan="4">上海市虹口区中山北一路186号 021-56966111</td><td colspan="3">发票专用章</td></tr>
<tr><td>开户行及账号：</td><td colspan="4">中国建设银行四平路支行 11001152300152557788</td><td colspan="3"></td></tr>
</table>

收款人：叶少其　　　　复核：侯亮　　　　开票人：叶少其　　　　销售方：（章）

税总函〔2019〕675号 上海东港印刷有限公司

第二联：发票联 购买方记账凭证

图 3-7

1100904***

上海增值税专用发票

№ 83422***

1100904***
83422***

校验码 11564 84624 93721 03132

发 票 联

开票日期：2019年12月05日

购买方	名　　　称：凯旋物流运输有限公司 纳税人识别号：91110111053551161Q 地　址、电　话：北京市大兴区孙庄工业园区36号 010-85342345 开户行及账号：中国建设银行经海路支行 11001152300052558125	密码区	782+972-897=23/872*100-981>9312 02/623<13>728/901+0823-72=93-82 0982+2839-7913/25>3<252690-7567 8273+823-72/25><>520942+841-454

货物或应税劳务、服务名称	规格型号	单位	数量	单价	金额	税率	税额
*住宿服务*住宿费			1	346.60	346.60	3%	10.40
合　　　计					¥346.60		¥10.40

价税合计（大写）	⊗ 叁佰伍拾柒圆整		（小写）¥357.00

销售方	名　　　称：上海汉巢国际酒店 纳税人识别号：91430000325710248B 地　址、电　话：上海市虹口区中山北一路186号　021-56966111 开户行及账号：中国建设银行四平路支行 11001152300152557788	备注	914300003257 10248B 发票专用章

第二联：发票联 购买方记账凭证

收款人：叶少其　　　复核：侯亮　　　开票人：叶少其　　　销售方：（章）

图 3-8

费用报销单

现金付讫

报销部门：运输一车队　　　　　2019年 12月 6日　　　　　单据及附件共 2 页

用　　　途	金额（元）	部门领导签字	方海波
高速公路通行费	2150.00		
		公司领导签字	姜涛
合　　　计	￥2150.00		

金额大写（人民币）：贰仟壹佰伍拾元整　　原借款金额：元　　应退余额：元

会计主管：董文利　　　会计：马贺　　报销人：高青　　领款人：高青

图　3-9

机器编号：661712927732

山东增值税电子普通发票

发票代码：****01600111

发票号码：47819052

开票日期：2019年 12 月 06 日

校 验 码：49657 36746 28629

购买方	名　　　称：凯旋物流运输有限公司 纳税人识别号：91110111053551161Q 地址、电话：北京市大兴区孙庄工业园区36号　010-85342345 开户行及账号：中国建设银行经海路支行　11001152300052558125	密码区	//〉<2362695784511<49-9269+〉43542 66276780-*//*54/<<*2>*6133/+2425 259049+43+868>>3434**434*23532532 5/+—<33563<<34343/3434>343534112

项目名称	车牌号	类型	通行日期起	通行日期止	金 额	税率	税 额
*经营租赁*代收通行费	京AE1531	货车	20191206	20191206	1075.00	不征税	***
合　　　计					¥1075.00		***

价税合计（大写）	⊗ 壹仟零柒拾伍圆整	（小写）¥1075.00

销货方	名　　　称：山东省高速公路管理局指挥调度中心 纳税人识别号：121300006892582226 地址、电话：山东省济南市知春路18号　0531-51668888 开户行及账号：招商银行股份有限公司知春路支行　110906143720104	备注	

收款人：张婕　　　　　复核：冯波　　　　　开票人：张婕　　　　　销售方：（章）

图　3-10

山东增值税电子普通发票

机器编号：661712927732

发票代码：****01600111

发票号码：47819053

开票日期：2019年 12 月 06 日

校 验 码：49657 36746 28629

购买方	名　　称：凯旋物流运输有限公司 纳税人识别号：91110111053551161Q 地址、电话：北京市大兴区孙庄工业园区36号 010-85342345 开户行及账号：中国建设银行经海路支行 11001152300052558125	密码区	//><2362695784511<49-9269+>43772 66276780-*//*54/<<*2>*6133/+2425 259049+43+868>>3434**434*23532532 5/+—<33563<<34343/3434>343534112

项目名称	车牌号	类型	通行日期起	通行日期止	金　额	税率	税　额
*经营租赁*代收通行费	京AE5534	货车	20191206	20191206	1075.00	不征税	***
合　　　　计					¥1075.00		***

价税合计（大写）	⊗壹仟零柒拾伍圆整	（小写）¥1075.00

销货方	名　　称：山东省高速公路管理局指挥调度中心 纳税人识别号：121300006892582226 地址、电话：山东省济南市知春路18号 0531-51668888 开户行及账号：招商银行股份有限公司知春路支行 110906143720104	备注	

收款人：张婕　　　　复核：冯波　　　　开票人：张婕　　　　销售方：（章）

图　3-11

凯旋物流运输有限公司

加油明细表

单位：元

车牌号	日期	加油金额
京AE1531	2019年12月5日	1060.00
京AE1531	2019年12月5日	1060.00
京AE1531	2019年12月6日	1060.00
京AE1531	2019年12月6日	1060.00
京AE5534	2019年12月5日	1060.00
京AE5534	2019年12月5日	1060.00
京AE5534	2019年12月6日	1060.00
京AE5534	2019年12月6日	1080.00
合　　　计		¥8500.00

图　3-12

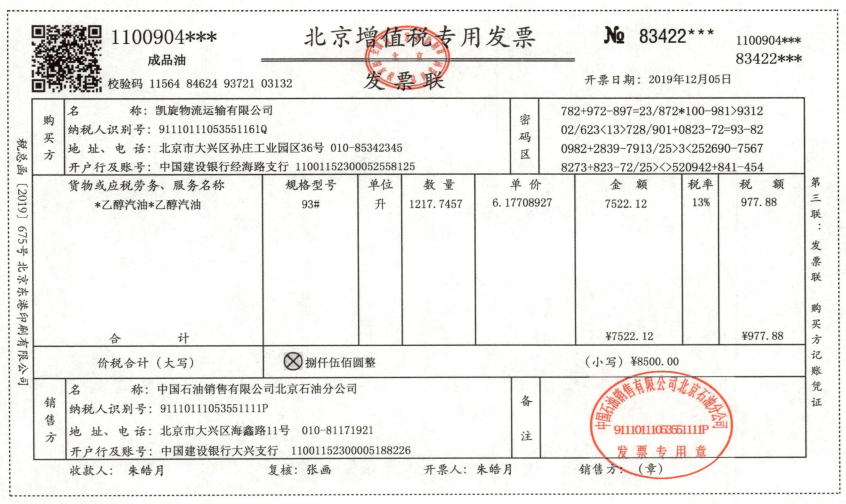

图 3-13

中国建设银行单位客户专用回单

币别：人民币　　　　　　　　　2019年12月6日　　　　　　　　流水号：*******

缴款人全称：凯旋物流运输有限公司
付款人账号：11001152300052558125
收款人全称：北京市大兴区社会保险基金管理中心
金额（大写）：贰万壹仟贰佰柒拾叁元贰角整　　　　　小写：21273.20

社保登记号：91110111053551161Q　　　申报交易流水号（补缴）：11101662847139
组织机构代码：91110111053551161Q　　　业务种类：2019年11月月报
保险费四险明细：　　　　　　　　　　　医疗保险费明细：
养老：11272.56　　　　　　　　　　　　统筹基金：6501.69
失业：469.69　　　　　　　　　　　　　个人缴纳：1444.82
工伤：245.05　　　　　　　　　　　　　大额互助（单位）：722.41
生育：577.98　　　　　　　　　　　　　大额互助（个人）：39.00
养老滞纳金：0.00　　　　　　　　　　　公费医疗单位补充：0.00
失业滞纳金：0.00　　　　　　　　　　　医疗保险滞纳金：0.00
工伤滞纳金：0.00
生育滞纳金：0.00

生成时间：2019-12-6
此回单以客户真实交易为依据，可通过建行网站(www.ccb.com)检验真伪。电子回单可重复打印，请勿重复记账。

图　3-14

凯旋物流运输有限公司

11月份员工社保

部门	姓名	社保（个人）			社保小计（个人）	社保（公司）					社保小计（公司）
		养老（8%）	医疗（2%+3）	失业（0.2%）		养老（16%）	医疗（10%）	失业（0.8%）	工伤（0.4%）	生育（0.8%）	
基数		3613	5557	3613		3613	5557	3613	4713	5557	
行政部	姜涛	289.04	114.14	7.23	410.41	578.08	555.70	28.90	18.85	44.46	1225.99
	丁勇	289.04	114.14	7.23	410.41	578.08	555.70	28.90	18.85	44.46	1225.99
小计		578.08	228.28	14.46	820.82	1156.16	1111.40	57.80	37.70	88.92	2451.98
业务部	赵民	289.04	114.14	7.23	410.41	578.08	555.70	28.90	18.85	44.46	1225.99
	高斌	289.04	114.14	7.23	410.41	578.08	555.70	28.90	18.85	44.46	1225.99
小计		578.08	228.28	14.46	820.82	1156.16	1111.40	57.80	37.70	88.92	2451.98
财务部	董文利	289.04	114.14	7.23	410.41	578.08	555.70	28.90	18.85	44.46	1225.99
	洪丽敏	289.04	114.14	7.23	410.41	578.08	555.70	28.90	18.85	44.46	1225.99
	马贺	289.04	114.14	7.23	410.41	578.08	555.70	28.90	18.85	44.46	1225.99
小计		867.12	342.42	21.69	1231.23	1734.24	1667.10	86.70	56.55	133.38	3677.97
运输一车队	方海波	289.04	114.14	7.23	410.41	578.08	555.70	28.90	18.85	44.46	1225.99
	高青	289.04	114.14	7.23	410.41	578.08	555.70	28.90	18.85	44.46	1225.99
小计		578.08	228.28	14.46	820.82	1156.16	1111.40	57.80	37.70	88.92	2451.98
运输二车队	陈西	289.04	114.14	7.23	410.41	578.08	555.70	28.90	18.85	44.46	1225.99
	张玉帛	289.04	114.14	7.23	410.41	578.08	555.70	28.90	18.85	44.46	1225.99
小计		578.08	228.28	14.46	820.82	1156.16	1111.40	57.80	37.70	88.92	2451.98
仓储部	刘静	289.04	114.14	7.23	410.41	578.08	555.70	28.90	18.85	44.46	1225.99
	刘建楠	289.04	114.14	7.23	410.41	578.08	555.70	28.90	18.85	44.46	1225.99
小计		578.08	228.28	14.46	820.82	1156.16	1111.40	57.80	37.70	88.92	2451.98
合计		3757.52	1483.82	93.99	5335.33	7515.04	7224.10	375.70	245.05	577.98	15937.87

图 3-15

中国建设银行
China Construction Bank

中国建设银行单位客户专用回单

| 转账日期：　2019年12月06日 | 凭证字号：20191206202647331 |

纳税人全称及纳税人识别号：　　凯旋物流运输有限公司 　　　　　　　　　　　　　　91110111053551161Q	
付款人全称：凯旋物流运输有限公司	咨询（投诉）电话：12366
付款人账号：11001152300052558125	征收机关名称（委托方）：北京市大兴区税务局第一分局
付款人开户银行：中国建设银行经海路支行	收款国库（银行）名称：国家金库北京市大兴区支库
小写（合计）金额：¥898.07	缴款书交易流水号：2019120659748802
大写（合计）金额：人民币捌佰玖拾捌元零柒分	税票号码：15236851164873309

税（费）种名称	所属时期	实缴金额
印花税	20191101 20191130	898.07

生成时间：2019-12-06

此回单以客户真实交易为依据，可通过建行网站（www.ccb.com）检验真伪。电子回单可重复打印，请勿重复记账。

图　3-16

中 华 人 民 共 和 国

税 收 完 税 证 明

19（1216）11证明90001107

税务机关	国家税务总局北京市大兴区税务局	填 发 日 期	2019年12月6日
纳税人名称	凯旋物流运输有限公司	纳税人识别号	91110111053551161Q

税种	税款所属时期	入（退）库日期	实缴（退）税额
印花税	2019-11-01至2019-11-30	2019-12-06	898.07

以下内容为空

妥善保管

手写无效

金额合计（大写）捌佰玖拾捌元零柒分 ¥898.07

税务机关（盖章）业务专用章

备注： 税收完税证明（文书式）19（1216）11证明90001107

填票人： 国家税务总局北京市大兴区税务局

本凭证不作纳税人记账、抵扣凭证

图 3-17

货物托运合同单

NO: KX-YS-002

起站: 北京　　到站: 沧州黄骅　　运输方式: 　　2019 年 12月 8日

托运人	北京星达	电话	010-63968740	单位地址	北京市大兴区海鑫北路18号院
收货人	黄骅港东鼎贸易	电话	0317-5329006	单位地址	沧州黄骅中山路23号

货物名称	包装	件数	重量/体积	运费	保险金额	保险费	送货费	其他费用	合计
劳务用品		1320		140000.00					140000.00

付款方式	现付	提付	欠付	回单付	月结	提货方式	送货	自提
		✔					✔	

托运人签字:	王星达	提货人签字、证号: 韩斌　12415319870301****

备注:

协议事项

为了保护托运人与承诺人合法利益,根据《中华人民共和国合同法》及相关法律、法规的规定,现达成如下协议:

1.托运货物时,托运人必须声明货物的实际价值,并参加保险,如有货物损失,应视货物的损失程度,确定赔偿金额,但最高赔偿金额以不超过保险为限,未保险货物损失最高赔偿不超过运费3倍。 2.“送货”仅指送货到楼下,不负责搬运,如需搬运送货补交搬运费。 3.按规定需要凭证运输的货物,托运人应出示货物的发票等有关证件,否则,沿途检查站扣货、罚款所造成的损失由托运人承担。 4.交接货物时,因不可能开箱清点全部货物的内包装情况,故以外包装完好为准,收货人在验收货物时如没有提出异议,即运输合同履行完毕。 5.托运人应如实申报货物名称,不得提供假的货物名称或夹带易燃、易爆、危险品、禁运物品等,否则,所引起的一切后果,由托运人承担。 6.货物到达指定地点后,承运人必须通知收货人三日内提货,三个月不提货者,将按无货主处理。 7.承运人向托运人或收货方收取运输费用,如不按时交纳运费,承运人对其货物有扣留权。 8.有下列原因,造成损耗的,承运方不承担违约责任:(1)货物的合理损耗。(2)包装不符合规定。(3)外包装完整,内装货物短缺、破料、变质。(4)因货主无电话、无地址,无法通知收货主提货,收货人未及时提货。(5)其他经查证非承运方责任造成的损失。(6)托运人如有查询/索赔或其他事宜,应在本托运单开出日起三十日内提出,过期不予受理。

承运单位(盖章):	货物查询电话: 010-85342344	投诉电话: 010-85342344

①存根(白) ②托运人(红) ③随货同行(黄)

图　3-18

中国建设银行单位客户专用回单

币别：人民币　　　　　　　　2019年12月09日　　　　　　　　流水号：********

付款人	全　称	北京唐丰钢铁有限公司	收款人	全　称	凯旋物流运输有限公司
	账　号	11001152300052559122		账　号	11001152300052558125
	开户行	中国建设银行大兴支行		开户行	中国建设银行经海路支行
金　额		（大写）人民币壹万捌仟元整		（小写）¥18000.00	
凭证种类			凭证号码		
结算方式		转账	用　途	仓储服务费	

打印柜员：**********

打印机构：建行经海路支行

打印卡号：**********

（中国建设银行 电子回单 专用章）

打印时间：2019.12.09　　　　　　　交易柜员：　　　　　　　交易机构：

第二联：客户回单

图　3-19

税总函〔2019〕675号 北京东港印刷有限公司

1100143***

北京增值税专用发票

№ 02430***　1100143***
　　　　　　　02430***

校验码 32112 74233 21555 46237

上海

开票日期：2019年12月09日

购买方	名　称：北京唐丰钢铁有限公司 纳税人识别号：91110111053542262P 地　址、电话：北京市大兴区黄村镇刘村通黄路12号 010-89240460 开户行及账号：中国建设银行大兴支行 11001152300052559122	密码区	43353<96--*<203*788-806+ -9403/96 67657a-<14869+1*90/+<62-<3/>2*6*+ 878-/67<8/89+8/3<**+903<77+79180>> 65373>/<8*34*2990//48-<7<-*5481+56

货物或应税劳务、服务名称	规格型号	单位	数量	单价	金额	税率	税额
*物流辅助服务*仓储服务费					16981.13	6%	1018.87
合　　　计					¥16981.13		¥1018.87

价税合计（大写）	⊗ 壹万捌仟圆整	（小写）¥18000.00

销售方	名　称：凯旋物流运输有限公司 纳税人识别号：91110111053551161Q 地　址、电话：北京市大兴区孙村工业园区36号 010-85342345 开户行及账号：中国建设银行经海路支行 11001152300052558125	备注	凯旋物流运输有限公司 91110111053551161Q 发票专用章

收款人：马贺　　　复核：董文利　　　开票人：马贺　　　销售方：（章）

第一联：记账联 销货方记账凭证

图 3-20

出　库　单　　No 132***

单位名称：北京多维乐器器材公司　　　　2019年12月12日

序号	规　格	单位	出库数量	单　价	金　额	备　注
	木箱	个	100			
	泡沫盒	个	100			
合　　　计						

主管：　　　　　　仓库：刘静　　　　　记账：　　刘静　　　　经手人：刘建楠

二　记账

图　3-21

货物托运合同单

NO： **KX-YS-003**

起站：北京   到站：济宁   运输方式：   2019 年   12月   12日

托运人	北京多维	电话	010-57407008	单位地址	北京市大兴区双观巷东口19号
收货人	济宁晨曦乐器行	电话	0537-2312351	单位地址	济宁市任城区建设南路31号

货物名称	包装	件数	重量/体积	运费	保险金额	保险费	送货费	其他费用	合计
乐器		200		25000.00					25000.00

付款方式	现付	提付	欠付	回单付	月结	提货方式	送货	自提
		✔					✔	

托运人签字： 李多维   提货人签字、证号：申玉如   23215319870301****

备注：

协议事项

为了保护托运人与承诺人合法利益，根据《中华人民共和国合同法》及相关法律、法规的规定，现达成如下协议：
1．托运货物时，托运人必须声明货物的实际价值，并参加保险，如有货物损失，应视货物的损失程度，确定赔偿金额，但最高赔偿金额以不超过保险为限，未保险货物损失最高赔偿不超过运费3倍。 2．"送货"仅指送货到楼下，不负责搬运，如需搬运货补交搬运费。 3．按规定需要凭证运输的货物，托运人应出示货物的发票等有关证件，否则，沿途检查站扣货、罚款所造成的损失由托运人承担。 4．交接货物时，因不可能开箱清点全部货物的内包装情况，故以外包装完好为准，收货人在验收货物时如没有提出异议，即运输合同履行完毕。 5．托运人应如实申报货物名称，不得提供假的货物名称或夹带易燃、易爆、危险品、禁运物品等，否则，所引起的一切后果，由托运人承担。 6．货物到达指定地点后，承运人必须通知收货人三日内提货，三个月不提货者，将按无货主处理。 7．承运人向托运人或收货方收取运输费用，如不按时交纳运费，承运人对其货物有扣留权。 8．有下列原因，造成损失的，承运方不承担违约责任：(1)货物的合理损耗。(2)包装不符合规定。(3)外包装完整，内装货物短缺、破料、变质。(4)因货主无电话、无地址，无法通知收货主提货，收货人未及时提货。(5)其他经查证非承运方责任造成的损失。(6)托运人如有咨询/索赔或其他事宜，应在本托运单开出日起三十日内提出，过期不予受理。

承运单位(盖章)   货物查询电话：010-85342344   投诉电话：010-85342344

① 存根（白） ② 托运人（红） ③ 随货同行（黄）

图 3-22

凯旋物流运输有限公司

费用摊销表

2019年 12月 12日

单位：元

项目内容	总价	摊销方法	本次摊销额	备注
木箱	1061.95	五五摊销法	530.98	
泡沫盒	221.24	五五摊销法	110.62	
合　计	￥1283.19		￥641.60	

主管：董文利　　　　　　　会计：马贺　　　　　　　制单：马贺

图　3-23

支 出 凭 单

2019年　12月　12日　　　　　第　　1　　号

即　　　付　司机高青

现金付讫

备用金　　　　　　　　　　　　　　　款　　　对方科目编号

附单据 1 张

计人民币：　捌仟元整　　　　　　　　　　￥ 8000.00

领款人：　高青　　　　　　　　　主管审批：　方海波

财务主管：董文利　记账：马贺　　　出纳：洪丽敏　审核：　　　制单：马贺

图　3-24

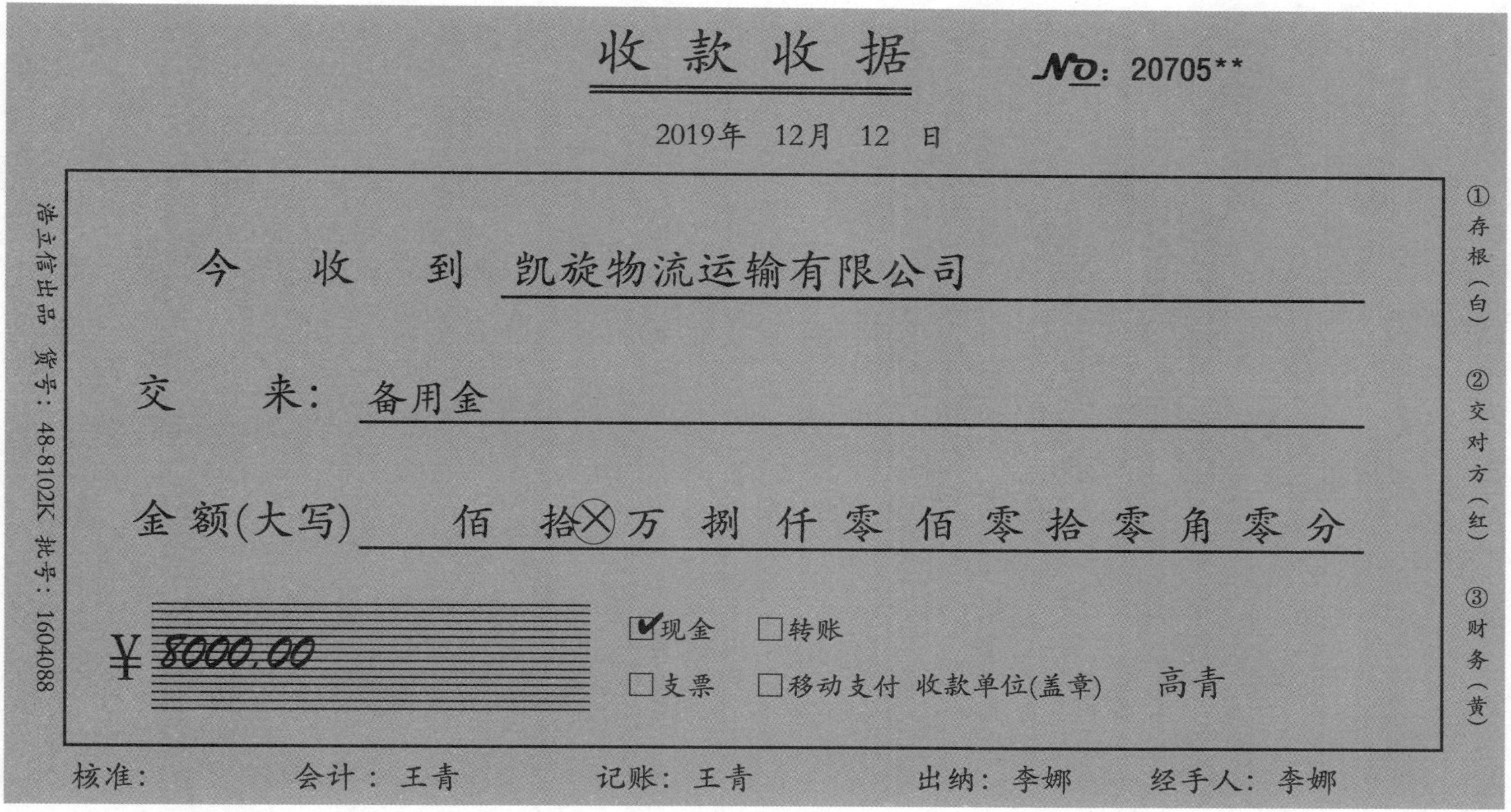

收 款 收 据

NO：20705**

2019年 12月 12 日

今 收 到 凯旋物流运输有限公司

交 来： 备用金

金额(大写) 佰 拾⊗万 捌 仟 零 佰 零 拾 零 角 零 分

¥ 8000.00

☑现金 □转账

□支票 □移动支付 收款单位(盖章) 高青

核准： 会计：王青 记账：王青 出纳：李娜 经手人：李娜

洛立信出品 货号：48-8102K 批号：1604088

①存根(白) ②交对方(红) ③财务(黄)

图 3-25

中国建设银行单位客户专用回单

币别：人民币　　　　　　　　2019年12月13日　　　　　　　流水号：********

付款人	全　称	北京多维乐器器材有限公司	收款人	全　称	凯旋物流运输有限公司
	账　号	11001153300852551133		账　号	11001152300052558125
	开户行	中国建设银行经海路支行		开户行	中国建设银行经海路支行
金　额		（大写）人民币贰万伍仟元整		（小写）¥25000.00	
凭证种类			凭证号码		
结算方式		转账	用　途	运输款	

打印柜员：**********
打印机构：建行经海路支行
打印卡号：**********

中国建设银行
电子回单
专用章

第二联：客户回单

打印时间：2019.12.13　　　　　　交易柜员：　　　　　　交易机构：

图　3-26

图 3-27

费用报销单

现金收讫

报销部门：运输一车队　　　　　2019年 12月 15日　　　　单据及附件共 5 页

用　　　　途	金额（元）		
住宿费	600.00	部门领导签字	方海波
餐饮费	600.00		
汽车修理费	3000.00	公司领导签字	姜涛
高速公路通行费	3240.00		
合　　　　计	¥7440.00		

金额大写（人民币）：柒仟肆佰肆拾元整　　　原借款金额：8000.00元　应退余额：560.00元

会计主管：董文利　　　　会计：马贺　　　报销人：高青　　　领款人：高青

图　3-28

凯旋物流运输有限公司

加油明细表

单位：元

车牌号	日期	加油金额
京AE1531	2019年12月12日	1060.00
京AE1531	2019年12月12日	1060.00
京AE1531	2019年12月13日	1060.00
京AE1531	2019年12月13日	1060.00
京AE5534	2019年12月12日	1060.00
京AE5534	2019年12月12日	1060.00
京AE5534	2019年12月13日	1060.00
京AE5534	2019年12月13日	1080.00
合　　计		￥8500.00

图　3-29

山东增值税电子普通发票

发票代码：****01600111

发票号码：47819102

开票日期：2019年 12 月 15 日

校 验 码：49657 36746 28627

机器编号：661712927732

购买方	名　　　称：凯旋物流运输有限公司 纳税人识别号：91110111053551161Q 地址、电话：北京市大兴区孙庄工业园区36号 010-85342345 开户行及账号：中国建设银行经海路支行 11001152300052558125	密码区	//><2362695784511<49-9269+>40000 66276780-*//*54/<<*2>*6133/+2425 259049+43+868>>3434**434*23532532 5/+—<33563<<34343/3434>343534112

项目名称	车牌号	类型	通行日期起	通行日期止	金 额	税率	税 额
*经营租赁*代收通行费	京AE1531	货车	20191215	20191215	1620.00	不征税	***
合　　　计					¥1620.00		***

价税合计（大写）	⊗壹仟陆佰贰拾圆整	（小写）¥1620.00

销货方	名　　　称：山东省高速公路管理局指挥调度中心 纳税人识别号：121300006892582226 地址、电话：山东省济南市知春路18号 0531-51668888 开户行及账号：招商银行股份有限公司知春路支行 110906143720104	备注	

收款人：张婕　　　复核：冯波　　　开票人：张婕　　　销售方：（章）

图 3-30

机器编号：661712927732

山东增值税电子普通发票

发票代码：****01600111

发票号码：47819103

开票日期：2019 年 12 月 15 日

校 验 码：49657 36746 28627

购买方	名　　　　称：凯旋物流运输有限公司		密码区	//><2362695784511<49-9269+>40110
	纳税人识别号：91110111053551161Q			66276780-*//*54/<<*2>*6133/+2425
	地址、电话：北京市大兴区孙庄工业园区36号 010-85342345			259049+43+868>>3434**434*23532532
	开户行及账号：中国建设银行经海路支行 11001152300052558125			5/+—<33563<<34343/3434>343534112

项目名称	车牌号	类型	通行日期起	通行日期止	金 额	税率	税 额
*经营租赁*代收通行费	京AE5534	货车	20191215	20191215	1620.00	不征税	***
合　　　　计					¥1620.00		***

价税合计（大写）	⊗壹仟陆佰贰拾圆整	（小写）¥1620.00

销货方	名　　　　称：山东省高速公路管理局指挥调度中心		备注	
	纳税人识别号：121300006892582226			
	地址、电话：山东省济南市知春路18号 0531-51668888			
	开户行及账号：招商银行股份有限公司知春路支行 110906143720104			

收款人：张婕　　　　　复核：冯波　　　　　开票人：张婕　　　　　销售方：（章）

图　3-31

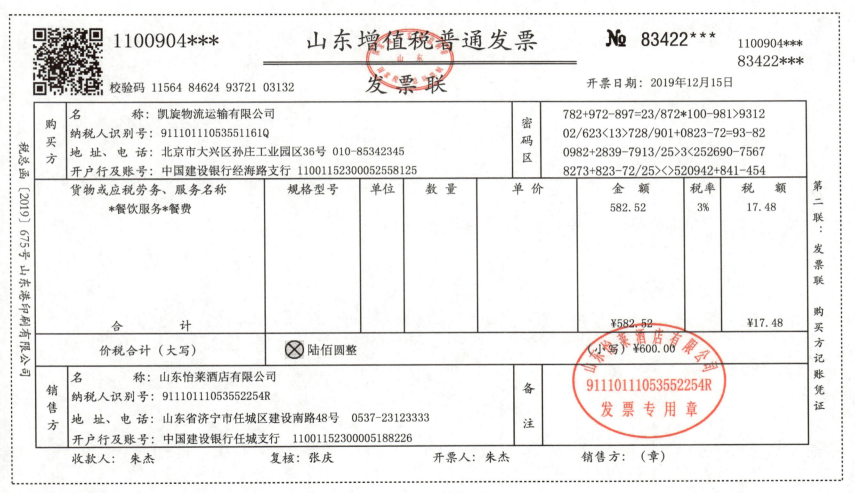

山东增值税普通发票

№ 83422*

校验码 11564 84624 93721 03132

发票联

开票日期：2019年12月15日

购买方	名　　称：凯旋物流运输有限公司 纳税人识别号：91110111053551161Q 地　址、电话：北京市大兴区孙庄工业园区36号 010-85342345 开户行及账号：中国建设银行经海路支行 11001152300052558125	密码区	782+972-897=23/872*100-981>9312 02/623<13>728/901+0823-72=93-82 0982+2839-7913/25>3<252690-7567 8273+823-72/25><>520942+841-454

货物或应税劳务、服务名称	规格型号	单位	数 量	单 价	金 额	税率	税 额
*餐饮服务*餐费					582.52	3%	17.48
合　　　　计					¥582.52		¥17.48

价税合计（大写）	⊗陆佰圆整		（小写）¥600.00

销售方	名　　称：山东怡莱酒店有限公司 纳税人识别号：91110111053552254R 地　址、电话：山东省济宁市任城区建设南路48号 0537-23123333 开户行及账号：中国建设银行任城支行 11001152300005188226	备注	

收款人：朱杰　　　　复核：张庆　　　　开票人：朱杰　　　　销售方：（章）

山东怡莱酒店有限公司
91110111053552254R
发票专用章

第二联：发票联 购买方记账凭证

税总函〔2019〕675号 山东港印刷有限公司

图　3-32

1100904*** 　　　山东增值税专用发票　　　**№ 83422*****　　1100904***
83422***

校验码 11564 84624 93721 03132　　　　发票联　　　开票日期：2019年12月15日

购买方	名　称：凯旋物流运输有限公司 纳税人识别号：91110111053551161Q 地 址、电 话：北京市大兴区孙庄工业园区36号 010-85342345 开户行及账号：中国建设银行经海路支行 11001152300052558125	密码区	782+972-897=23/872*100-981>9312 02/623<13>728/901+0823-72=93-82 0982+2839-7913/25>3<252690-7567 8273+823-72/25><>520942+841-454

货物或应税劳务、服务名称	规格型号	单位	数量	单价	金额	税率	税额
*住宿服务*住宿费					582.52	3%	17.48
合　计					¥582.52		¥17.48

价税合计（大写）　⊗陆佰圆整　　　（小写）¥600.00

销售方	名　称：山东怡莱酒店有限公司 纳税人识别号：91110111053552254R 地 址、电 话：山东省济宁市任城区建设南路48号 0537-23123333 开户行及账号：中国建设银行任城支行 11001152300005188226	备注	91110111053552254R 发票专用章

收款人：朱杰　　复核：张庆　　开票人：朱杰　　销售方：（章）

图　3-33

1100904***

北京增值税专用发票

№ 83422***

1100904***
83422***

校验码 32112 11624 93721 08912

发 票 联

开票日期：2019年12月15日

购买方	名　　　称：凯旋物流运输有限公司 纳税人识别号：91110111053551161Q 地址、电话：北京市大兴区孙庄工业园区36号 010-85342345 开户行及账号：中国建设银行经海路支行 11001152300052558125	密码区	782+972-897=23/872*100-981>932 02/623<13>728/901+0823-72=9382 0982+2839-7913/25>3<252690-7567 8273+823-72/25><>520942+841-454

货物或应税劳务、服务名称	规格型号	单位	数　量	单价	金　额	税率	税　额
*修理修缮服务*修理费					2912.62	3%	87.38
合　　　计					¥2912.62		¥87.38

价税合计（大写）	⊗叁仟圆整	（小写）¥3000.00

销售方	名　　　称：北京大兴区东华修理厂 纳税人识别号：91110111053550021C 地址、电话：北京市大兴区孙村工业园区50号 010-87689353 开户行及账号：中国建设银行经海路支行 11001152300052550065	备注	91110111053550021C 发票专用章 北京大兴区东华修理厂

收款人：余男　　　　复核：李晓雪　　　　开票人：余男　　　　销售方：（章）

税总函〔2019〕675号 北京东港印刷有限公司

第二联：发票联 购买方记账凭证

图 3-34

1100904***　成品油

北京增值税专用发票

№ 83422***　　1100904***
83422***

校验码 11564 84624 93721 03132

发票联

开票日期：2019年12月15日

购买方	名　　称：凯旋物流运输有限公司 纳税人识别号：91110111053551161Q 地址、电话：北京市大兴区孙庄工业园区36号　010-85342345 开户行及账号：中国建设银行经海路支行　11001152300052558125	密码区	782+972-897=23/872*100-981>9312 02/623<13>728/901+0823-72=93-82 0982+2839-7913/25>3<252690-7567 8273+823-72/25<>520942+841-454

货物或应税劳务、服务名称	规格型号	单位	数量	单价	金额	税率	税额
*乙醇汽油*乙醇汽油	93#	升	1217.7457	6.17708927	7522.12	13%	977.88
合　　　计					¥7522.12		¥977.88

价税合计（大写）	⊗ 捌仟伍佰圆整	（小写）¥8500.00

销售方	名　　称：中国石油销售有限公司北京石油分公司 纳税人识别号：91110111053551111P 地址、电话：北京市大兴区海鑫路11号　010-81171921 开户行及账号：中国建设银行大兴支行　11001152300005188226	备注	

收款人：朱皓月　　　　复核：张画　　　　　开票人：朱皓月　　　　销售方：（章）

第三联：发票联　购买方记账凭证

税总函〔2019〕675号 北京东港印刷有限公司

图　3-35

中国建设银行
China Construction Bank

中国建设银行单位客户专用回单

2019年12月15日　　　　　　　　　　　流水号：********

付款人	全　称	北京星达劳务用品有限公司	收款人	全　称	凯旋物流运输有限公司
	账　号	11001153300052551189		账　号	11001152300052558125
	开户行	中国建设银行大兴支行		开户行	中国建设银行经海路支行
金　额		（大写）人民币壹拾肆万元整		（小写）¥140000.00	
凭证种类			凭证号码		
结算方式		转账	用　途		运输款

打印柜员：**********
打印机构：建行经海路支行
打印卡号：**********

中国建设银行
电子回单
专用章

第二联：客户回单

打印时间：2019.12.15　　　　交易柜员：　　　　交易机构：

图　3-36

1100143***　　　　北京增值税专用发票　　　№ 02430***　1100143***
02430***

校验码 11212 74233 21555 43268　　　　　　　　开票日期： 2019年12月15日

购买方	名　　称：北京星达劳务用品有限公司 纳税人识别号：91110111053252267M 地址、电话：北京市大兴区海鑫北路18号院 010-60296335 开户行及账号：中国建设银行大兴支行 11001153300052551189	密码区	43353<96--*<203*788-806+ -9403/96 67657a-<14869+1*90/+<62-<3/>2*6*+ 878-/67<8/89+8/3<**+903<77+79180>> 65373>/<8*34*2990//48-<7<-*5481+56

货物或应税劳务、服务名称	规格型号	单位	数量	单价	金　额	税率	税　额
*运输服务*运输服务费					128440.37	9%	11559.63
合　　　　计					¥128440.37		¥11559.63

价税合计（大写）	⊗壹拾肆万圆整		（小写）¥140000.00

销售方	名　　称：凯旋物流运输有限公司 纳税人识别号：91110111053551161Q 地址、电话：北京市大兴区孙村工业园区36号 010-85342345 开户行及账号：中国建设银行经海路支行 11001152300052558125	备注	起运地：北京 到达地：沧州 车种车号：货车 京AE1531、京AE1532 货物信息：劳保用品

收款人：马贺　　　　复核：董文利　　　　开票人：马贺　　　　销售方：（章）

第一联：记账联 销货方记账凭证

图　3-37

中国建设银行
转账支票存根
10501130
13035853

附加信息

出票日期 2019 年 12 月 15 日

收款人：

凯旋物流运输有限公司

金　额：￥38264.67

用　途：工资

单位主管　　　会计

图　3-38

凯旋物流运输有限公司

11月份工资表

单位：元

部门	姓名	基本工资	事假扣款	全勤奖金	伙食补贴	住房补贴	津贴补助	应发工资	社保（个人）	个人所得税	实发工资
行政部	姜涛	2500.00	0.00	0.00	300.00	300.00	500.00	3600.00	410.41	0.00	3189.59
	丁勇	2500.00	0.00	100.00	300.00	300.00	200.00	3400.00	410.41	0.00	2989.59
业务部	赵民	3000.00	250.00	0.00	300.00	300.00	100.00	3450.00	410.41	0.00	3039.59
	高斌	2500.00	0.00	100.00	300.00	300.00	100.00	3300.00	410.41	0.00	2889.59
财务部	董文利	3000.00	150.00	0.00	300.00	300.00	0.00	3450.00	410.41	0.00	3039.59
	洪丽敏	2500.00	100.00	0.00	300.00	300.00	500.00	3500.00	410.41	0.00	3089.59
	马贺	2200.00	0.00	0.00	300.00	300.00	0.00	3400.00	410.41	0.00	2989.59
运输一车队	方海波	2500.00	0.00	100.00	300.00	300.00	100.00	3300.00	410.41	0.00	2889.59
	高青	2000.00	0.00	100.00	300.00	300.00	400.00	3100.00	410.41	0.00	2689.59
运输二车队	陈西	2500.00	200.00	0.00	300.00	300.00	500.00	3400.00	410.41	0.00	2989.59
	张玉帛	2000.00	0.00	0.00	300.00	300.00	300.00	3000.00	410.41	0.00	2589.59
仓储部	刘静	2200.00	0.00	100.00	300.00	300.00	500.00	3400.00	410.41	0.00	2989.59
	刘建楠	2100.00	0.00	100.00	300.00	300.00	500.00	3300.00	410.41	0.00	2889.59
合计		31500.00	700.00	800.00	3900.00	3900.00	4200.00	43600.00	5335.33	0.00	38264.67

图 3-39

中国建设银行单位客户专用回单

币别：人民币　　　　　　　　2019年12月16日　　　　　　　　流水号：********

付款人	全　称	凯旋物流运输有限公司	收款人	全　称	北京车辆执法管理大兴分局
	账　号	11001152300052558125		账　号	11001152300052551119
	开户行	中国建设银行经海路支行		开户行	中国建设银行经海路支行

金　额	（大写）人民币陆佰元整	（小写）¥600.00

凭证种类		凭证号码	

结算方式	转账	用　途	罚款

打印柜员：**********
打印机构：建行经海路支行
打印卡号：**********

打印时间：2019.12.16　　　　　交易柜员：　　　　　交易机构：

第二联：客户回单

图　3-40

北京市公安交通管理局
违法停车告知单

编号：11010227003021***

车辆牌号：京AE1531　　车身颜色：蓝色

车辆类型：☐大型客车　☐小型客车　☑大型货车
　　　　　☐小型货车　☐摩托车　☐其他

号牌颜色：☐黄色　☑蓝色　☐黑色
　　　　　☐其他

违法停车时间：2019年 12月 8日 14时 06分
违法停车地点：黄马路非机动车道路

　　该机动车在上述时间、地点停放，违反了《道路交通安全法》第56条的规定，请于3日后15日内持本告知单，到 公 安 交 警 大 队 接受处理
（地址：清源路9号　电话：010-69242047）。

年　　月　　日

备注：机动车所有人登记的住所地址或联系电话发生变化的，请及时向登记地车辆管理所事情变更备案。

北京市公安交通管理局
违法停车告知单

编号：11010227003021***

车辆牌号：京AE1531　　车身颜色：蓝色

车辆类型：☐大型客车　☐小型客车　☑大型货车
　　　　　☐小型货车　☐摩托车　☐其他

号牌颜色：☐黄色　☑蓝色　☐黑色
　　　　　☐其他

违法停车时间：2019年 12月 10日 10时 28分
违法停车地点 双河南路违规停车

　　该机动车在上述时间、地点停放，违反了《道路交通安全法》第56条的规定，请于3日后15日内持本告知单，到 公 安 交 警 大 队 接受处理
（地址：清源路9号　电话：010-69242047）。

年　　月　　日

备注：机动车所有人登记的住所地址或联系电话发生变化的，请及时向登记地车辆管理所事情变更备案。

北京市公安交通管理局
违法停车告知单

编号：11010227003021***

车辆牌号：京AE1531　　车身颜色：蓝色

车辆类型：☐大型客车　☐小型客车　☑大型货车
　　　　　☐小型货车　☐摩托车　☐其他

号牌颜色：☐黄色　☑蓝色　☐黑色
　　　　　☐其他

违法停车时间：2019年 12月 12 日 12时 30分
违法停车地点 团归路人行横道附近

　　该机动车在上述时间、地点停放，违反了《道路交通安全法》第56条的规定，请于3日后15日内持本告知单，到 公 安 交 警 大 队 接受处理
（地址：清源路9号　电话：010-69242047）。

年　　月　　日

备注：机动车所有人登记的住所地址或联系电话发生变化的，请及时向登记地车辆管理所事情变更备案。

图　3-41

凯旋物流运输有限公司

处理报告

经查明，公司运输一车队行车过程中，由于粗心大意，违规停车3次，罚款600元，根据公司规定，违章罚款由公司和方海波个人各承担一半。

特此说明！

凯旋物流运输有限公司

2019年12月16日

图　3-42

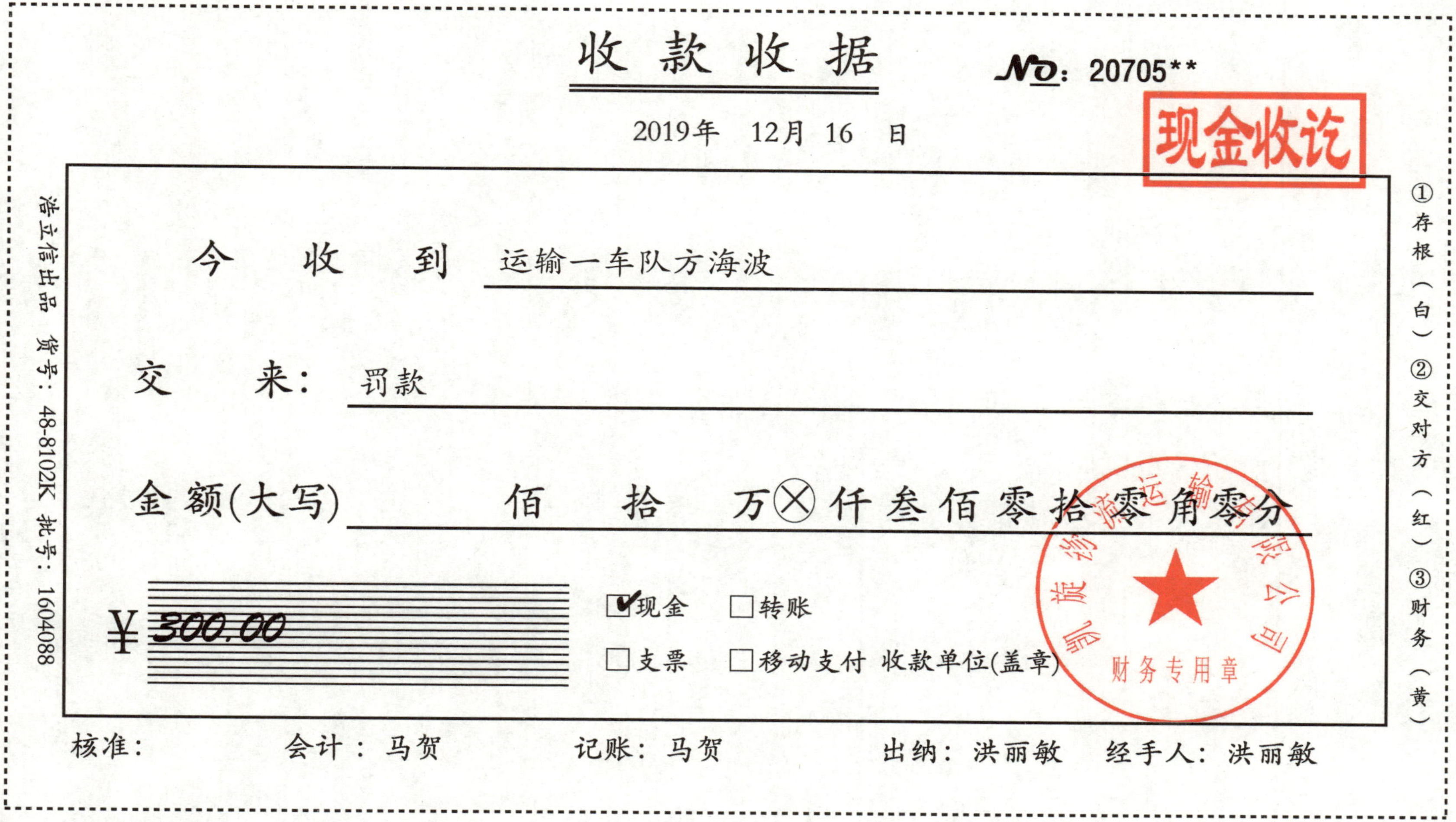

收款收据

No: 20705**

2019年　12月　16　日

现金收讫

今　收　到　运输一车队方海波

交　来：罚款

金额(大写)　　佰　　拾　　万⊗仟叁佰零拾零角零分

¥300.00

☑现金　□转账

□支票　□移动支付　收款单位(盖章)

凯旋物流运输有限公司 财务专用章

核准：　　会计：马贺　　记账：马贺　　出纳：洪丽敏　　经手人：洪丽敏

浩立信出品　货号：48-8102K　批号：1604088

①存根（白）②交对方（红）③财务（黄）

图　3-43

支 出 凭 单

2019年 12月 20日　　　　　第　2　号

即　　　付　大兴区兴盛修理厂

修理费　　　　　　　　　　　　　　　款　　　对方科目编号

现金付讫

计人民币：叁仟壹佰贰拾元整　　　　　¥ 3120.00

领款人：方海波　　　　　主管审批：姜涛

附单据 1 张

财务主管：董文利　记账：　　　出纳：洪丽敏　审核：　　　制单：马贺

图　3-44

北京增值税专用发票

1100904***

№ 83422***

1100904***
83422***

校验码 32112 11624 93721 08912

发票联

开票日期：2019年12月20日

购买方	名　　　　称：凯旋物流运输有限公司	密码区	782+972-897=23/872*100-981>932
	纳税人识别号：91110111053551161Q		02/623<13>728/901+0823-72=9382
	地址、电话：北京市大兴区孙庄工业园区36号　010-85342345		0982+2839-7913/25>3<252690-7567
	开户行及账号：中国建设银行经海路支行　11001152300052558125		8273+823-72/25<>520942+841-454

货物或应税劳务、服务名称	规格型号	单位	数量	单价	金　额	税率	税　额
*修理修缮服务*修理费					2761.06	13%	358.94
合　　　　计					￥2761.06		￥358.94

| 价税合计（大写） | ⊗ 叁仟壹佰贰拾圆整 | （小写）￥3120.00 |

销售方	名　　　　称：北京大兴区兴盛修理厂	备注	
	纳税人识别号：91110111053550022A		
	地址、电话：北京市大兴区兴盛馨苑(京福路北170米)　010-69280088		
	开户行及账号：中国建设银行经海路支行　11001152300052551122		

收款人：周末　　　复核：李新　　　开票人：周末　　　销售方：（章）

第三联：发票联　购买方记账凭证

税总函〔2019〕675号 北京东港印刷有限公司

图 3-45

中国建设银行单位客户专用回单

币别：人民币　　　　　　　2019 年 12 月 21 日　　　　　　流水号：*******

户名：凯旋物流运输有限公司			账号：11001152300052558125		
计息项目	起息日	结息日	本金/积数	利率（%）	利息
活期利息	20191107	20191221	195583294.98	0.3	1629.86

合计金额	（大写）人民币壹仟陆佰贰拾玖元捌角陆分	（小写）¥1629.86

上列存款信息，已照收你单位 11001152300052558125账户	打印柜员：********** 打印机构：建行经海路支行 打印卡号：**********		

打印时间：2019.12.21　　　　　交易柜员：　　　　　　交易机构：

第二联：客户回单

图　3-46

中国建设银行单位客户专用回单

币别：人民币　　　　　　　　　2019年12月22日　　　　　　　　　流水号：********

付款人	全　称	凯旋物流运输有限公司	收款人	全　称	中国电信股份有限公司北京分公司
	账　号	11001152300052558125		账　号	11001152300352551776
	开户行	中国建设银行经海路支行		开户行	中国建设银行大兴支行
金　额		（大写）人民币壹仟贰佰元整			（小写）¥1200.00
凭证种类			凭证号码		
结算方式		转账	用　途		电话费
		打印柜员：********** 打印机构：建行经海路支行 打印卡号：**********			

打印时间：2019.12.22　　　　　　　交易柜员：　　　　　　　交易机构：

第二联：客户回单

图　3-47

1100904***

北京增值税专用发票

№ 83422***

1100904***
83422***

校验码 32111 11624 93721 03132

发票联

开票日期：2019年12月22日

购买方	名　　　称：凯旋物流运输有限公司 纳税人识别号：91110111053551161Q 地址、电话：北京市大兴区孙庄工业园区36号　010-85342345 开户行及账号：中国建设银行经海路支行　11001152300052558125	密码区	782+972-897=23/872*100-981>932 02/623<13>728/901+0823-72=9382 0982+2839-7913/25>3<252690-7567 8273+823-72/25><>520942+841-454

货物或应税劳务、服务名称	规格型号	单位	数　量	单价	金　额	税率	税　额
*电信服务*电话费					1100.92	9%	99.08
合　　　计					1100.92		99.08

价税合计（大写）	⊗壹仟贰佰圆整	（小写）¥1200.00

销售方	名　　　称：中国电信股份有限公司北京分公司 纳税人识别号：91110111053551166 3X 地址、电话：北京市大兴区黄村镇兴华中路11号　010-81297431 开户行及账号：中国建设银行大兴支行　11001152300352551776	备注	

收款人：刘伟平　　　　　复核：汪茉　　　　　开票人：刘伟平　　　　　销售方：（章）

第三联：发票联　购买方记账凭证

税总函〔2019〕675号 北京东港印刷有限公司

图　3-48

支　出　凭　单

2019年　12月　25日　　　　　第　　3　　号

即　　　付　北京大兴津门商业管理有限公司

现金付讫

停车费　　　　　　　　　　　　　　　　　　　款　　　对方科目编号

计人民币：贰佰叁拾元整　　　　　　　　¥ 230.00

领款人：张玉帛　　　　　　　　主管审批：方海波

附单据 2 张

财务主管：董文利　记账：　　　　出纳：洪丽敏　审核：　　　　制单：马贺

图　3-49

1100904***

北京增值税专用发票

№ 83422***

1100904***
83422***

校验码 32111 11624 93721 03132

发票联

开票日期：2019年12月25日

购买方	名　　　称：凯旋物流运输有限公司
	纳税人识别号：91110111053551161Q
	地址、电话：北京市大兴区孙庄工业园区36号　010-85342345
	开户行及账号：中国建设银行经海路支行　11001152300052558125

密码区

782+972-897=23/872*100-981>932
02/623<13>728/901+0823-72=9382
0982+2839-7913/25>3<252690-7567
8273+823-72/25><>520942+841-454

货物或应税劳务、服务名称	规格型号	单位	数量	单价	金额	税率	税额
*经营租赁*车辆停放服务					109.52	5%	5.48
合　　计					¥109.52		¥5.48

价税合计（大写）	⊗壹佰壹拾伍圆整	（小写）¥115.00

销售方	名　　　称：北京大兴区津门商业管理有限公司
	纳税人识别号：91110111053550098M
	地址、电话：北京市大兴区黄村镇兴华中路28号　010-83497431
	开户行及账号：中国建设银行大兴支行　11001152300352551343

备注

地址：北京市大兴区津门街36号
91110111053550098M
发票专用章

收款人：刘笑　　　　复核：汪舒舒　　　　开票人：刘笑　　　　销售方：（章）

第三联：发票联　购买方记账凭证

税总函〔2019〕675号 北京东港印刷有限公司

图　3-50

1100904***　　　　　北京增值税专用发票　　　№ 83422***　　1100904***
　　　　　　　　　　　　　　　　　　　　　　　　　　　　　　　　　　　83422***

校验码 32111 11624 93721 03132　　　发 票 联　　　　　开票日期：2019年12月25日

购买方	名　　　称：凯旋物流运输有限公司 纳税人识别号：91110111053551161Q 地址、电话：北京市大兴区孙庄工业园区36号　010-85342345 开户行及账号：中国建设银行经海路支行　11001152300052558125	密码区	782+972-897=23/872*100-981>932 02/623<13>728/901+0823-72=9382 0982+2839-7913/25>3<252690-7567 8273+823-72/25><>520942+841-454

货物或应税劳务、服务名称	规格型号	单位	数量	单价	金额	税率	税额
*经营租赁*车辆停放服务					109.52	5%	5.48
合　　　　计					¥109.52		¥5.48

价税合计（大写）	⊗壹佰壹拾伍圆整		（小写）¥115.00

销售方	名　　　称：北京大兴区津门商业管理有限公司 纳税人识别号：91110111053550098M 地址、电话：北京市大兴区黄村镇兴华中路28号　010-83497431 开户行及账号：中国建设银行大兴支行　11001152300352551343	备注	911101110553550098M 发票专用章

收款人：刘笑　　　　复核：汪舒舒　　　　开票人：刘笑　　　　销售方：（章）

税总函〔2019〕675号 北京东港印刷有限公司

第三联：发票联　购买方记账凭证

图　3-51

付 款 申 请 书

转账付讫

日期：2019 年 12月 28 日

用 途 及 情 况	金　额										收款单位（人）：北京国瑞兴达商业管理有限公司	
电费及水费	亿	千	百	十	万	千	百	十	元	角	分	账号：911101110535511611B
					¥	2	0	0	0	0	0	开户行：中国建设银行经海路支行

金额大写（合计）	贰仟元整		现金：□ 转账：□ 汇票：☑ 支票：□	
总经理	姜涛	财务部门	经理	董文丽
			会计	马贺
		申请部门	经理	
			经办人	丁勇

图　3-52

中国建设银行单位客户专用回单

币别：人民币			2019年12月28日			流水号：********	
付款人	全　　称	凯旋物流运输有限公司	收款人	全　　称	北京国瑞兴达商业管理有限公司		
	账　　号	11001152300052558125		账　　号	11001152300052551114		
	开户行	中国建设银行经海路支行		开户行	中国建设银行经海路支行		
金　　额		（大写）人民币贰仟元整			（小写）¥2000.00		
凭证种类			凭证号码				
结算方式		转账	用　　途		水、电费		
			打印柜员：**********　　打印机构：中国建设银行经海路支行　　打印卡号：**********				

打印时间：2019.12.28　　　　　　　交易柜员：　　　　　　交易机构：

图　3-53

货物或应税劳务、服务名称	规格型号	单位	数量	单价	金额	税率	税额
*供电*电费		千瓦时	730	1.6438356	1061.95	13%	138.05
*自来水*水费		吨	110	7.2727272	733.94	9%	66.06
合　　　计					¥1795.89		¥204.11

北京增值税专用发票

发票联

1100904***

校验码 12112 11624 43721 03132

№ 83422***

1100904***
83422***

开票日期：2019年12月28日

购买方	名　　　称：凯旋物流运输有限公司 纳税人识别号：91110111053551161Q 地 址、电 话：北京市大兴区孙庄工业园区36号　010-85342345 开户行及账号：中国建设银行经海路支行　11001152300052558125	密码区	782+972-897=23/872*100-981>932 02/623<13>728/901+0823-72=9382 0982+2839-7913/25>3<252690-7567 8273+823-72/25><>520942+841-454

价税合计（大写）	⊗ 贰仟圆整	（小写）¥2000.00

销售方	名　　　称：北京国瑞兴达商业管理有限公司 纳税人识别号：911101110535511611B 地 址、电 话：北京市大兴区黄村镇兴华北路25号　010-60261988 开户行及账号：中国建设银行经海路支行　11001152300052551114	备注	

收款人：徐新颜　　　　　复核：顾凌凌　　　　　开票人：徐新颜　　　　　销售方：（章）

税总函〔2018〕675号 北京东港印刷有限公司

第二联：发票联 购买方记账凭证

图　3-54

凯旋物流运输有限公司

费用摊销表
2019年 12月 31日

单位：元

项目内容	待摊销总金额	待摊销总月份	本月摊销额	备注
房租	60000.00	3	20000.00	2019年11月—2020年1月
合　计	￥60000.00		￥20000.00	

主管：董文利　　　　　　　　会计：马贺　　　　　　　　制单：马贺

图 3-55

凯旋物流运输有限公司

费用摊销表

2019年 12月 31日

单位：元

房租	部门	比率	金额
20000.00	管理部门	6%	1200.00
	运输队	54%	10800.00
	仓储部门	40%	8000.00

主管：董文利　　　　　　　　　会计：马贺　　　　制单：马贺

图 3-56

凯旋物流运输有限公司

装修费用摊销表
2019年 12月 31日

单位：元

项目内容	摊销总金额	摊销总月份	已摊销（月）	本月摊销额	累计摊销金额	备注
装修费	20000.00	24	1	833.33	1666.66	2019年11月－2021年10月
合　计				¥833.33		

主管：董文利　　　　　会计：马贺　　　　　　　制单：马贺

图　3-57

凯旋物流运输有限公司

12月份工资表

单位：元

部门	姓名	基本工资	事假扣款	全勤奖金	伙食补贴	住房补贴	津贴补助	应发工资	社保（个人）	个人所得税	实发工资
行政部	姜涛	2500.00	0.00	0.00	300.00	300.00	500.00	3600.00	410.41	0.00	3189.59
	丁勇	2500.00	0.00	100.00	300.00	300.00	200.00	3400.00	410.41	0.00	2989.59
业务部	赵民	3000.00	250.00	0.00	300.00	300.00	100.00	3450.00	410.41	0.00	3039.59
	高斌	2500.00	0.00	100.00	300.00	300.00	100.00	3300.00	410.41	0.00	2889.59
财务部	董文利	3000.00	150.00	0.00	300.00	300.00	0.00	3450.00	410.41	0.00	3039.59
	洪丽敏	2500.00	100.00	0.00	300.00	300.00	500.00	3500.00	410.41	0.00	3089.59
	马贺	2200.00	0.00	100.00	300.00	300.00	500.00	3400.00	410.41	0.00	2989.59
运输一车队	方海波	2500.00	0.00	100.00	300.00	300.00	100.00	3300.00	410.41	0.00	2889.59
	高青	2000.00	0.00	100.00	300.00	300.00	400.00	3100.00	410.41	0.00	2689.59
运输二车队	陈西	2500.00	200.00	0.00	300.00	300.00	500.00	3400.00	410.41	0.00	2989.59
	张玉帛	2000.00	0.00	100.00	300.00	300.00	300.00	3000.00	410.41	0.00	2589.59
仓储部	刘静	2200.00	0.00	100.00	300.00	300.00	500.00	3400.00	410.41	0.00	2989.59
	刘建楠	2100.00	0.00	100.00	300.00	300.00	500.00	3300.00	410.41	0.00	2889.59
合　计		31500.00	700.00	800.00	3900.00	3900.00	4200.00	43600.00	5335.33	0.00	38264.67

图 3-58

凯旋物流运输有限公司

12月份员工社保

部门	姓名	社保（个人）			社保小计（个人）	社保（公司）					社保小计（公司）
		养老（8%）	医疗（2%+3）	失业（0.2%）		养老（16%）	医疗（10%）	失业（0.8%）	工伤（0.4%）	生育（0.8%）	
基数		3613	5557	3613		3613	5557	3613	4713	5557	
行政部	姜涛	289.04	114.14	7.23	410.41	578.08	555.70	28.90	18.85	44.46	1225.99
	丁勇	289.04	114.14	7.23	410.41	578.08	555.70	28.90	18.85	44.46	1225.99
小计		578.08	228.28	14.46	820.82	1156.16	1111.40	57.80	37.70	88.92	2451.98
业务部	赵民	289.04	114.14	7.23	410.41	578.08	555.70	28.90	18.85	44.46	1225.99
	高斌	289.04	114.14	7.23	410.41	578.08	555.70	28.90	18.85	44.46	1225.99
小计		578.08	228.28	14.46	820.82	1156.16	1111.40	57.80	37.70	88.92	2451.98
财务部	董文利	289.04	114.14	7.23	410.41	578.08	555.70	28.90	18.85	44.46	1225.99
	洪丽敏	289.04	114.14	7.23	410.41	578.08	555.70	28.90	18.85	44.46	1225.99
	马贺	289.04	114.14	7.23	410.41	578.08	555.70	28.90	18.85	44.46	1225.99
小计		867.12	342.42	21.69	1231.23	1734.24	1667.10	86.70	56.55	133.38	3677.97
运输一车队	方海波	289.04	114.14	7.23	410.41	578.08	555.70	28.90	18.85	44.46	1225.99
	高青	289.04	114.14	7.23	410.41	578.08	555.70	28.90	18.85	44.46	1225.99
小计		578.08	228.28	14.46	820.82	1156.16	1111.40	57.80	37.70	88.92	2451.98
运输二车队	陈西	289.04	114.14	7.23	410.41	578.08	555.70	28.90	18.85	44.46	1225.99
	张玉帛	289.04	114.14	7.23	410.41	578.08	555.70	28.90	18.85	44.46	1225.99
小计		578.08	228.28	14.46	820.82	1156.16	1111.40	57.80	37.70	88.92	2451.98
仓储部	刘静	289.04	114.14	7.23	410.41	578.08	555.70	28.90	18.85	44.46	1225.99
	刘建楠	289.04	114.14	7.23	410.41	578.08	555.70	28.90	18.85	44.46	1225.99
小计		578.08	228.28	14.46	820.82	1156.16	1111.40	57.80	37.70	88.92	2451.98
合计		3757.52	1483.82	93.99	5335.33	7515.04	7224.10	375.70	245.05	577.98	15937.87

图 3-59

凯旋物流运输有限公司

固定资产折旧表

2019/12/31

类别	名称	数量	原值	入账时间	使用年限	净残值（5%）	本月折旧额	累计折旧额	净值
办公设备	计算机	4	15323.89	2019-11-18	3	766.19	404.38	404.38	14919.51
	打印机	2	8034.51	2019-11-18	3	401.73	212.02	212.02	7822.49
营业设备	电动叉车	2	15530.97	2019-11-21	4	776.55	307.38	307.38	15223.59
运输设备	凯瑞厢式轻卡	5	632500.00	2019-11-26	4	31625.00	12518.23	12518.23	619981.77
合　计		13	¥671389.37			¥33569.47	¥13442.01	¥13442.01	¥657947.36

主管：董文利　　　　　　会计：马贺　　　　　　　　制单：马贺

图　3-60

凯旋物流运输有限公司

印花税计提表

2019 / 12 / 31　　　　　　　　　　　　　　　　　　单位：元

业务编号	合同类型	合同号	合同金额	税　率	应交税费	备注
1	货物运输合同	KX–YS–001	25000.00	0.5‰	12.50	
2	货物运输合同	KX–YS–002	140000.00	0.5‰	70.00	
3	仓储保管合同	KX–CC–001	18000.00	1‰	18.00	
4	货物运输合同	KX–YS–003	25000.00	0.5‰	12.50	
		合　计			¥113.00	

制表人：马贺

图　3–61

项目 4　参考答案

核算单位 : 凯旋物流运输有限公司。

参考答案 : 如图 4–1~ 图 4–35、表 4–1、表 4–2 所示。

记账凭证

附件数：3

核算单位：凯旋物流运输有限公司　　　日期：2019-12-05　　　凭证号：记-1(1/1)

摘要	会计科目	借方	贷方
完成运输服务并收款	银行存款——建行	25,000.00	
完成运输服务并收款	主营业务收入——物流运输收入		22,935.78
完成运输服务并收款	应交税费——应交增值税——销项税额		2,064.22
合计：贰万伍仟元整		25,000.00	25,000.00

主管：　　　　　审核：　　　　　出纳：　　　　　制单：

图　4-1

记账凭证

附件数：1

核算单位：凯旋物流运输有限公司　　　　日期：2019-12-06　　　　凭证号：记-2(1/1)

摘要	会计科目	借方	贷方
赵民报销差旅费	销售费用——差旅费	2,348.28	
赵民报销差旅费	应交税费——应交增值税——进项税额	101.72	
赵民报销差旅费	库存现金		2,450.00
合计：贰仟肆佰伍拾元整		2,450.00	2,450.00

主管：　　　　审核：　　　　出纳：　　　　制单：

图 4-2

记账凭证

附件数：3

核算单位：凯旋物流运输有限公司　　　　日期：2019-12-06　　　　凭证号：记-3(1/1)

摘要	会计科目	借方	贷方
运输——车队报销随行费用	主营业务成本——物流运输成本——油费	7,522.12	
运输——车队报销随行费用	主营业务成本——物流运输成本——通行费	2,150.00	
运输——车队报销随行费用	应交税费——应交增值税——进项税额	977.88	
运输——车队报销随行费用	预付账款——中国石油北京分公司		8,500.00
运输——车队报销随行费用	库存现金		2,150.00
合计：壹万零陆佰伍拾元整		10,650.00	10,650.00

主管：　　　　　　　审核：　　　　　　　出纳：　　　　　　　制单：

图　4-3

记账凭证

附件数：2

核算单位：凯旋物流运输有限公司　　　　　日期：2019-12-06　　　　　　　　凭证号：记-4(1/1)

摘要	会计科目	借方	贷方
缴纳社保	应付职工薪酬——应付社会保险费	15,937.87	
缴纳社保	其他应收款——个人社保	5,335.33	
缴纳社保	银行存款——建行		21,273.20
合计：贰万壹仟贰佰柒拾叁元贰角整		21,273.20	21,273.20

主管：　　　　　　　审核：　　　　　　　　　　出纳：　　　　　　制单：

图 4-4

记账凭证

附件数：2

核算单位：凯旋物流运输有限公司　　　　日期：2019-12-06　　　　凭证号：记-5(1/1)

摘要	会计科目	借方	贷方
支付11月印花税	应交税费——应交印花税	898.07	
支付11月印花税	银行存款——建行		898.07
合计：捌佰玖拾捌元零柒分		898.07	898.07

主管：　　　　　　　审核：　　　　　　　　　出纳：　　　　　　　制单：

图　4-5

记账凭证

附件数：2

核算单位：凯旋物流运输有限公司　　　　　日期：2019-12-09　　　　　凭证号：记-6(1/1)

摘要	会计科目	借方	贷方
仓储服务并收款	银行存款——建行	18,000.00	
仓储服务并收款	主营业务收入——仓储堆存收入		16,981.13
仓储服务并收款	应交税费——应交增值税——销项税额		1,018.87
合计：壹万捌仟元整		18,000.00	18,000.00

主管：　　　　　　　审核：　　　　　　　出纳：　　　　　　　制单：

图　4-6

记账凭证

附件数：2

核算单位：凯旋物流运输有限公司　　　　　　日期：2019-12-12　　　　　　　　凭证号：记-7(1/1)

摘要	会计科目	借方	贷方
领用木箱及泡沫盒	周转材料——包装物——木箱——在用	1,061.95	
领用木箱及泡沫盒	周转材料——包装物——泡沫盒——在用	221.24	
领用木箱及泡沫盒	周转材料——包装物——木箱——在库		1,061.95
领用木箱及泡沫盒	周转材料——包装物——泡沫盒——在库		221.24
合计：壹仟贰佰捌拾叁元壹角玖分		1,283.19	1,283.19

主管：　　　　　　　审核：　　　　　　　　　　出纳：　　　　　　　制单：

图　4-7

记账凭证

附件数：1

核算单位：凯旋物流运输有限公司　　　　　　日期：2019-12-12　　　　　　凭证号：记-8(1/1)

摘要	会计科目	借方	贷方
摊销木箱及泡沫盒价值的50%	主营业务成本——物流运输成本——包装物摊销费	641.60	
摊销木箱及泡沫盒价值的50%	周转材料——包装物——木箱——摊销		530.98
摊销木箱及泡沫盒价值的50%	周转材料——包装物——泡沫盒——摊销		110.62
合计：陆佰肆拾壹元陆角整		641.60	641.60

主管：　　　　　　审核：　　　　　　出纳：　　　　　　制单：

图　4-8

记账凭证

附件数：1

核算单位：凯旋物流运输有限公司　　　　　日期：2019-12-12　　　　　　　凭证号：记-9(1/1)

摘要	会计科目	借方	贷方
司机申请备用金	其他应收款——高青	8,000.00	
司机申请备用金	库存现金		8,000.00
合计：捌仟元整		8,000.00	8,000.00

主管：　　　　　　　审核：　　　　　　　　　出纳：　　　　　　　制单：

图　4-9

记账凭证

附件数：2

核算单位：凯旋物流运输有限公司　　　　日期：2019-12-13　　　　凭证号：记-10(1/1)

摘要	会计科目	借方	贷方
收到运输服务账款	银行存款——建行	25,000.00	
收到运输服务账款	主营业务收入——物流运输收入		22,935.78
收到运输服务账款	应交税费——应交增值税——销项税额		2,064.22
合计：贰万伍仟元整		25,000.00	25,000.00

主管：　　　　　　审核：　　　　　　　　　出纳：　　　　　　制单：

图　4-10

记账凭证

核算单位：凯旋物流运输有限公司　　　　日期：2019-12-15　　　　　　凭证号：记-11（1/2）

摘要	会计科目	借方	贷方
司机报销随行费用	主营业务成本——物流运输成本——油费	7,522.12	
司机报销随行费用	应交税费——应交增值税——进项税额	1,082.74	
司机报销随行费用	主营业务成本——物流运输成本——通行费	3,240.00	
司机报销随行费用	主营业务成本——物流运输成本——汽车修理费	2,912.62	
司机报销随行费用	主营业务成本——物流运输成本——餐饮费	600.00	
合计：壹万陆仟伍佰元整		16,500.00	16,500.00

主管：　　　　　　　审核：　　　　　　　　出纳：　　　　　　　制单：

图 4-11

记账凭证

附件数：3

核算单位：凯旋物流运输有限公司　　　　　日期：2019-12-15　　　　　　凭证号：记-11(2/2)

摘要	会计科目	借方	贷方
司机报销随行费用	主营业务成本——物流运输成本——住宿费	582.52	
司机报销随行费用	库存现金	560.00	
司机报销随行费用	预付账款——中国石油北京分公司		8,500.00
司机报销随行费用	其他应收款——高青		8,000.00
合计：壹万陆仟伍佰元整		16,500.00	16,500.00

主管：　　　　　　　审核：　　　　　　　出纳：　　　　　　　制单：

图　4-12

记账凭证

附件数：2

核算单位：凯旋物流运输有限公司   日期：2019-12-15   凭证号：记-12(1/1)

摘要	会计科目	借方	贷方
收到运输服务账款	银行存款——建行	140,000.00	
收到运输服务账款	主营业务收入——物流运输收入		128,440.37
收到运输服务账款	应交税费——应交增值税——销项税额		11,559.63
合计：壹拾肆万元整		140,000.00	140,000.00

主管：   审核：   出纳：   制单：

图 4-13

记账凭证

附件数：2

核算单位：凯旋物流运输有限公司　　　　日期：2019-12-15　　　　　　凭证号：记-13(1/1)

摘要	会计科目	借方	贷方
支付11月份工资	应付职工薪酬——应付职工工资	43,600.00	
支付11月份工资	银行存款——建行		38,264.67
支付11月份工资	其他应收款——个人社保		5,335.33
合计：肆万叁仟陆佰元整		43,600.00	43,600.00

主管：　　　　　　　审核：　　　　　　　　　出纳：　　　　　　制单：

图　4-14

记账凭证

附件数：2

核算单位：凯旋物流运输有限公司　　　　日期：2019-12-16　　　　凭证号：记-14(1/1)

摘要	会计科目	借方	贷方
运输一车队方海波交来罚款	库存现金	300.00	
	其他应收款——方海波		300.00
合计：叁佰元整		300.00	300.00

主管：　　　　　　审核：　　　　　　　　出纳：　　　　　　制单：

图　4-15

记账凭证

核算单位：凯旋物流运输有限公司　　　　　日期：2019-12-16　　　　　凭证号：记-15(1/1)

摘要	会计科目	借方	贷方
缴纳罚款	营业外支出——罚款	300.00	
缴纳罚款	其他应收款——方海波	300.00	
缴纳罚款	银行存款——建行		600.00
合计：陆佰元整		600.00	600.00

主管：　　　　　　　审核：　　　　　　　　出纳：　　　　　　　制单：

图　4-16

记账凭证

核算单位：凯旋物流运输有限公司　　　　日期：2019-12-20　　　　　　　凭证号：记-16(1/1)

摘要	会计科目	借方	贷方
支付修理费	主营业务成本——物流运输成本——汽车修理费	2,761.06	
支付修理费	应交税费——应交增值税——进项税额	358.94	
支付修理费	库存现金		3,120.00
合计：叁仟壹佰贰拾元整		3,120.00	3,120.00

主管：　　　　　　　审核：　　　　　　　　　　出纳：　　　　　　　制单：

图　4-17

记账凭证

附件数：1

核算单位：凯旋物流运输有限公司　　　　日期：2019-12-21　　　　　　凭证号：记-17(1/1)

摘要	会计科目	借方	贷方
收到银行存款利息	银行存款——建行	1,629.86	
收到银行存款利息	财务费用——利息收入	-1,629.86	
合计：零元整			

主管：　　　　　　　审核：　　　　　　　　出纳：　　　　　　制单：

图　4-18

记账凭证

附件数：2

核算单位：凯旋物流运输有限公司　　　　　日期：2019-12-22　　　　　凭证号：记-18(1/1)

摘要	会计科目	借方	贷方
缴纳12月份电话费	管理费用——电话费	1,100.92	
缴纳12月份电话费	应交税费——应交增值税——进项税额	99.08	
缴纳12月份电话费	银行存款——建行		1,200.00
合计：壹仟贰佰元整		1,200.00	1,200.00

主管：　　　　　　审核：　　　　　　　　出纳：　　　　　　制单：

图　4-19

记账凭证

附件数：1

核算单位：凯旋物流运输有限公司　　　　日期：2019-12-25　　　　　　　凭证号：记-19(1/1)

摘要	会计科目	借方	贷方
支付停车费	主营业务成本——物流运输成本——停车费	219.04	
支付停车费	应交税费——应交增值税——进项税额	10.96	
支付停车费	库存现金		230.00
合计：贰佰叁拾元整		230.00	230.00

主管：　　　　　　　审核：　　　　　　　　　出纳：　　　　　　制单：

图　4-20

记账凭证

附件数：3

核算单位：凯旋物流运输有限公司　　　　日期：2019-12-28　　　　凭证号：记-20(1/1)

摘要	会计科目	借方	贷方
支付12月份水、电费	管理费用——水电费	1,795.89	
支付12月份水、电费	应交税费——应交增值税——进项税额	204.11	
支付12月份水、电费	银行存款——建行		2,000.00
合计：贰仟元整		2,000.00	2,000.00

主管：　　　　　　审核：　　　　　　出纳：　　　　　　制单：

图　4-21

记账凭证

核算单位：凯旋物流运输有限公司　　　　　日期：2019-12-31　　　　　凭证号：记-21(1/1)

摘要	会计科目	借方	贷方
摊销12月房租	管理费用——房租	1,200.00	
摊销12月房租	主营业务成本——物流运输成本——房租	10,800.00	
摊销12月房租	主营业务成本——仓储堆存成本——房租	8,000.00	
摊销12月房租	预付账款——房租		20,000.00
合计：贰万元整		20,000.00	20,000.00

主管：　　　　　　审核：　　　　　　出纳：　　　　　　制单：

图　4-22

记账凭证

附件数：1

核算单位：凯旋物流运输有限公司　　　　　日期：2019-12-31　　　　　凭证号：记-22（1/1）

摘要	会计科目	借方	贷方
摊销12月办公室装修费	管理费用——装修费	833.33	
摊销12月办公室装修费	长期待摊费用——装修费		833.33
合计：捌佰叁拾叁元叁角叁分		833.33	833.33

主管：　　　　　　审核：　　　　　　出纳：　　　　　制单：

图　4-23

记账凭证

附件数：1

核算单位：凯旋物流运输有限公司　　　　日期：2019-12-31　　　　凭证号：记-23(1/1)

摘要	会计科目	借方	贷方
计提12月份员工工资	管理费用——员工工资	17,350.00	
计提12月份员工工资	销售费用——员工工资	6,750.00	
计提12月份员工工资	主营业务成本——物流运输成本——员工工资	12,800.00	
计提12月份员工工资	主营业务成本——仓储堆存成本——员工工资	6,700.00	
计提12月份员工工资	应付职工薪酬——应付职工工资		43,600.00
合计：肆万叁仟陆佰元整		43,600.00	43,600.00

主管：　　　　　　　　审核：　　　　　　　　出纳：　　　　　　　　制单：

图　4-24

记账凭证

附件数：1

核算单位：凯旋物流运输有限公司　　　　日期：2019-12-31　　　　　　凭证号：记-24(1/1)

摘要	会计科目	借方	贷方
计提12月份社保	管理费用——社保	6,129.95	
计提12月份社保	销售费用——社保	2,451.98	
计提12月份社保	主营业务成本——物流运输成本——社保	4,903.96	
计提12月份社保	主营业务成本——仓储堆存成本——社保	2,451.98	
计提12月份社保	应付职工薪酬——应付社会保险费		15,937.87
合计：壹万伍仟玖佰叁拾柒元捌角柒分		15,937.87	15,937.87

主管：　　　　　　审核：　　　　　　　　出纳：　　　　　　制单：

图 4-25

记账凭证

附件数：1

核算单位：凯旋物流运输有限公司　　　　　　日期：2019-12-31　　　　　　凭证号：记-25（1/1）

摘要	会计科目	借方	贷方
固定资产折旧	管理费用——折旧	616.40	
固定资产折旧	销售费用——折旧	307.38	
固定资产折旧	主营业务成本——物流运输成本——折旧费	12,518.23	
固定资产折旧	累计折旧		13,442.01
合计：壹万叁仟肆佰肆拾贰元零壹分		13,442.01	13,442.01

主管：　　　　　　　审核：　　　　　　　　出纳：　　　　　　　制单：

图 4-26

记账凭证

附件数：1

核算单位：凯旋物流运输有限公司　　　　　日期：2019-12-31　　　　　　　凭证号：记-26(1/1)

摘要	会计科目	借方	贷方
计提本月印花税	税金及附加——印花税	113.00	
计提本月印花税	应交税费——应交印花税		113.00
合计：壹佰壹拾叁元整		113.00	113.00

主管：　　　　　　　审核：　　　　　　　　　　出纳：　　　　　　　制单：

图　4-27

记账凭证

附件数：

核算单位：凯旋物流运输有限公司　　　　日期：2019-12-31　　　　　　凭证号：记-27(1/6)

摘要	会计科目	借方	贷方
结转本期损益	本年利润	125,992.52	
结转本期损益	管理费用——装修费		833.33
结转本期损益	管理费用——社保		6,129.95
结转本期损益	管理费用——电话费		1,100.92
结转本期损益	管理费用——房租		1,200.00
合计：壹拾贰万伍仟玖佰玖拾贰元伍角贰分		125,992.52	125,992.52

主管：　　　　　　审核：　　　　　　　　出纳：　　　　　　制单：

图　4-28

记账凭证

核算单位：凯旋物流运输有限公司　　　　　日期：2019-12-31　　　　　　　　　凭证号：记-27(2/6)

摘要	会计科目	借方	贷方
结转本期损益	销售费用——差旅费		2,348.28
结转本期损益	销售费用——社保		2,451.98
结转本期损益	主营业务成本——仓储堆存成本——房租		8,000.00
结转本期损益	主营业务成本——仓储堆存成本——社保		2,451.98
结转本期损益	主营业务成本——仓储堆存成本——员工工资		6,700.00
合计：壹拾贰万伍仟玖佰玖拾贰元伍角贰分		125,992.52	125,992.52

主管：　　　　　　审核：　　　　　　　　出纳：　　　　　　制单：

图　4-29

记账凭证

附件数：

核算单位：凯旋物流运输有限公司　　　　日期：2019-12-31　　　　凭证号：记-27(3/6)

摘要	会计科目	借方	贷方
结转本期损益	主营业务成本——物流运输成本——餐饮费		600.00
结转本期损益	主营业务成本——物流运输成本——住宿费		582.52
结转本期损益	主营业务成本——物流运输成本——折旧费		12,518.23
结转本期损益	主营业务成本——物流运输成本——房租		10,800.00
结转本期损益	主营业务成本——物流运输成本——汽车修理费		5,673.68
合计：壹拾贰万伍仟玖佰玖拾贰元伍角贰分		125,992.52	125,992.52

主管：　　　　　　审核：　　　　　　　　出纳：　　　　　制单：

图　4-30

记账凭证

附件数:

核算单位: 凯旋物流运输有限公司   日期: 2019-12-31   凭证号: 记-27(4/6)

摘要	会计科目	借方	贷方
结转本期损益	主营业务成本——物流运输成本——通行费		5,390.00
结转本期损益	主营业务成本——物流运输成本——油费		15,044.24
结转本期损益	主营业务成本——物流运输成本——停车费		219.04
结转本期损益	主营业务成本——物流运输成本——包装物摊销费		641.60
结转本期损益	主营业务成本——物流运输成本——社保		4,903.96
合计: 壹拾贰万伍仟玖佰玖拾贰元伍角贰分		125,992.52	125,992.52

主管: 审核: 出纳: 制单:

图 4-31

记账凭证

核算单位：凯旋物流运输有限公司　　　　　日期：2019-12-31　　　　　　凭证号：记-27 (5/6)

摘要	会计科目	借方	贷方
结转本期损益	主营业务成本——物流运输成本——员工工资		12,800.00
结转本期损益	财务费用——利息收入		−1,629.86
结转本期损益	管理费用——折旧		616.40
结转本期损益	管理费用——员工工资		17,350.00
结转本期损益	管理费用——水电费		1,795.89
合计：壹拾贰万伍仟玖佰玖拾贰元伍角贰分		125,992.52	125,992.52

主管：　　　　　　　　审核：　　　　　　　　　　出纳：　　　　　　　制单：

图　4-32

记账凭证

核算单位：凯旋物流运输有限公司　　　　日期：2019-12-31　　　　凭证号：记-27(6/6)

摘要	会计科目	借方	贷方
结转本期损益	销售费用——折旧		307.38
结转本期损益	销售费用——员工工资		6,750.00
结转本期损益	营业外支出——罚款		300.00
结转本期损益	税金及附加——印花税		113.00
合计：壹拾贰万伍仟玖佰玖拾贰元伍角贰分		125,992.52	125,992.52

主管：　　　　　　　　审核：　　　　　　　　出纳：　　　　　　　　制单：

图　4-33

记账凭证

核算单位：凯旋物流运输有限公司　　　　　日期：2019-12-31　　　　　　　　凭证号：记-28(1/1)

摘要	会计科目	借方	贷方
结转本期损益	主营业务收入——仓储堆存收入	16,981.13	
结转本期损益	主营业务收入——物流运输收入	174,311.93	
结转本期损益	本年利润		191,293.06
合计：壹拾玖万壹仟贰佰玖拾叁元零陆分		191,293.06	191,293.06

主管：　　　　　　　审核：　　　　　　　　出纳：　　　　　　　制单：

图　4-34

记账凭证

附件数：

核算单位：凯旋物流运输有限公司　　　　　日期：2019-12-31　　　　　凭证号：记-29(1/1)

摘要	会计科目	借方	贷方
结转本年利润	利润分配——未分配利润	52,537.31	
结转本年利润	本年利润		52,537.31
合计：伍万贰仟伍佰叁拾柒元叁角壹分		52,537.31	52,537.31

主管：　　　　　　审核：　　　　　　　　出纳：　　　　　制单：

图 4-35

资产负债表

表 4-1

（适用于已执行新金融准则、新收入准则和新租赁准则的企业）

编制单位：凯旋物流运输有限公司　　2019年12月31日　　单位：元　　会企 01 表

资产	期末余额	上年末余额	负债和所有者权益（或股东权益）	期末余额	上年末余额
流动资产：			流动负债：		
货币资金	4,218,060.92		短期借款		
交易性金融资产			交易性金融负债		
衍生金融资产			衍生金融负债		
应收票据			应付票据		
应收账款			应付账款	22,150.00	
应收款项融资			预收款项		
预付款项	33,000.00		合同负债		
其他应收款	20,000.00		应付职工薪酬	59,537.87	
存货	11,349.54		应交税费	-72,459.40	
合同资产			其他应付款	2,000.00	
持有待售资产			持有待售负债		
一年内到期的非流动资产			一年内到期的非流动负债		
其他流动资产			其他流动负债		
流动资产合计	4,282,410.46		流动负债合计	11,228.47	
非流动资产：			非流动负债：		
债权投资			长期借款		
其他债权投资			应付债券		
长期应收款			其中：优先股		
长期股权投资			永续债		
其他权益工具投资			租赁负债		
其他非流动金融资产			长期应付款		
投资性房地产			预计负债		
固定资产	657,947.36		递延收益		
在建工程			递延所得税负债		
生产性生物资产			其他非流动负债		
油气资产			非流动负债合计		
使用权资产			负债合计	11,228.47	
无形资产			所有者权益（或股东权益）：		
开发支出			实收资本（或股本）	5,000,000.00	
商誉			其他权益工具		
长期待摊费用	18,333.34		其中：优先股		
递延所得税资产			永续债		
其他非流动资产			资本公积		
非流动资产合计	676,280.70		减：库存股		
			其他综合收益		
			专项储备		
			盈余公积		
			未分配利润	-52,537.31	
			所有者权益（或股东权益）合计	4,947,462.69	
资产总计	4,958,691.16		负债和所有者权益（或股东权益）总计	4,958,691.16	

表4-2

利润表

编制单位：凯旋物流运输有限公司　　　2019年12月31日　　　单位：元　　　会企 02 表

项目	本期金额	上期金额
一、营业收入	191,293.06	
减：营业成本	86,325.25	
税金及附加	113.00	
销售费用	11,857.64	
管理费用	29,026.49	
研发费用		
财务费用	-1,629.86	
其中：利息费用		
利息收入	-1,629.86	
加：其他收益		
投资收益（损失以"-"号填列）		
其中：对联营企业和合营企业的投资收益		
以摊余成本计量的金融资产终止确认收益（损失以"-"号填列）		
净敞口套期收益（损失以"-"号填列）		
公允价值变动收益（损失以"-"号填列）		
信用减值损失（损失以"-"号填列）		
资产减值损失（损失以"-"号填列）		
资产处置收益（损失以"-"号填列）		
二、营业利润（亏损以"-"号填列）	65,600.54	
加：营业外收入		
减：营业外支出	300.00	
三、利润总额（亏损总额以"-"号填列）	65,300.54	
减：所得税费用		
四、净利润（净亏损以"-"号填列）	65,300.54	
（一）持续经营净利润（净亏损以"-"号填列）		
（二）终止经营净利润（净亏损以"-"号填列）		
五、其他综合收益的税后净额		
（一）不能重分类进损益的其他综合收益		
1.重新计量设定受益计划变动额		
2.权益法下不能转损益的其他综合收益		
3.其他权益工具投资公允价值变动		
4.企业自身信用风险公允价值变动		
……		
（二）将重分类进损益的其他综合收益		
1.权益法下可转损益的其他综合收益		
2.其他债权投资公允价值变动		
3.金融资产重分类计入其他综合收益的金额		
4.其他债权投资信用减值准备		
5.现金流量套期储备		
6.外币财务报表折算差额		
……		
六、综合收益总额		
七、每股收益		
（一）基本每股收益		
（二）稀释每股收益		

后 记

  作为现代经济发展的重要组成部分，物流企业在社会发展中发挥着越来越重要的作用，而大量竞争对手的出现，使得行业竞争加剧。物流企业只有对核心业务的成本进行全面的核算，做到随时掌握、处理企业成本的即时信息，才有可能将企业发生的所有成本信息进行准确、全面的记录，以此数据为基础，借助先进的管理方法和措施，降低物流企业的相关成本。成本降低了，物流企业才有可能更好地提高核心竞争力，获得更多的经济效益。

  物流企业成本会计核算是企业加强成本管理和控制的前提和基础。本书以凯旋物流运输有限公司为研究对象，带领读者熟悉物流企业的各类经济业务，基于会计核算的视角对物流企业的经济业务进行账务处理，以期为后续物流企业的发展建立规范化、合理化的成本标准，帮助企业实现健康、持续的发展。

参 考 文 献

[1] 王之泰 . 新编现代物流学 [M]. 北京：首都经济贸易大学出版社，2008.

[2] 刘志学 . 现代物流手册 [M]. 北京：中国物资出版社，2001.

[3] 孙茂竹 . 管理会计的理论思考与架构 [M]. 北京：中国人民大学出版社，2002.

[4] 邓凤祥 . 现代物流成本管理 [M]. 北京：经济管理出版社，2003.

[5] 逄诗铭，费连才 . 物流企业会计核算实训案例 [M]. 北京：人民交通出版社，2008.

[6] 胡玉明 . 高级成本管理会计 [M]. 厦门：厦门大学出版社，2002.

[7] 邸宏建 . 新经济形势下的物流成本核算研究 [D]. 曲阜：曲阜师范大学，2012.

[8] 胡晓洁 . 企业物流成本核算方法研究 [D]. 北京：首都经济贸易大学，2009.

[9] 赵雨虹 . 第三方物流企业物流成本核算与控制方法研究 [D]. 长春：吉林大学，2007.

[10] 陈君 . 物流企业会计核算及成本控制工作研究 [J]. 全国流通经济，2018（28）：29-30.

[11] 罗扬桦 . 物流企业成本会计核算现存问题与对策分析 [J]. 现代经济信息，2018（15）：260.

[12] 都忠诚，李龙洙 . 物流运输企业的 ABC 成本核算及其操作方法 [J]. 天津师范大学学报（自然科学版）. 2002（03）：18-21.

[13] 杨璐 . 基于会计核算视角的物流企业成本控制研究 [J]. 物流技术，2016（03）：38-40.

[14] 徐宇虹 . 物流成本的会计核算方法探究 [J]. 物流技术，2013，32（23）：59-60+72.

[15] 梁伟静，薛晓芳，李晓智 . 大数据及云会计背景下制造企业物流成本核算——基于统计与会计相结合的核算方法 [J]. 财会通讯，2016（10）：74-76.

[16] 何志 . 企业物流成本核算方法的设计研究 [J]. 中国商论，2016（01）：87–89.

[17] 王增慧 . SD 公司物流成本核算设计的思考 [J]. 经济研究导刊，2016（03）：123–124.

[18] 励秀明 . 探析物流会计的基本问题及核算模式创新 [J]. 当代会计，2020（01）：8–10.

[19] 林艳红 . 基于价值流的物流企业会计核算决策研究 [J]. 商业经济研究，2017（10）：90–91.

[20] 王筱欣，祁子祥 . 物流企业会计核算存在的问题及其对策 [J]. 物流技术，2015，34（14）：80–81+131.

[21] 孙元强 . 物流会计基本问题探析及核算模式创新 [J]. 物流技术，2015，34（14）：82–84.